永不停歇的思辨之光

对话古代先贤

上卷

高洪雷 著
陈菲菲 绘
吴毅强 魏健鹏 审

小猛犸童书

電子工業出版社
Publishing House of Electronics Industry
北京·BEIJING

图书在版编目（CIP）数据

永不停歇的思辨之光：对话古代先贤：上下卷 / 高洪雷著；陈菲菲绘. -- 北京：电子工业出版社，2025. 8. -- ISBN 978-7-121-37895-9

Ⅰ. K203-49

中国国家版本馆CIP数据核字第2025FD3949号

责任编辑：翟夏月
印　　刷：北京尚唐印刷包装有限公司
装　　订：北京尚唐印刷包装有限公司
出版发行：电子工业出版社
　　　　　北京市海淀区万寿路173信箱　邮编：100036
开　　本：787×1092　1/16　　印张：25.5　　字数：526.5千字
版　　次：2025年8月第1版
印　　次：2025年8月第1次印刷
定　　价：188.00元（全2册）

凡所购买电子工业出版社图书有缺损问题，请向购买书店调换。若书店售缺，请与本社发行部联系，联系及邮购电话：（010）88254888，88258888。

质量投诉请发邮件至zlts@phei.com.cn，盗版侵权举报请发邮件至dbqq@phei.com.cn。

本书咨询联系方式：（010）88254161转1821，zhaixy@phei.com.cn。

前言

今天的人类文明由世界级文明塑造。这些世界级文明包括两河流域文明、古埃及文明、古印度文明、中华文明、波斯文明和古希腊罗马文明等。在这些文明中，中华文明极其独特——文明的连续性和生物的连续性同时并存。也就是说，我们的文化和我们的人种一直是连续的。同一片土地，同一群人，同样的文化内核。可以设想，先秦诸子来到今天，除开器物和政治制度的变化，在审美和人生境界方面，他们依然会有一些亲切的感觉。

几千年过去了，古人的思辨智慧通过世世代代的社会生活延续下来，又通过文化典籍记载下来。我们的日常生活和我们的思考，依然有他们的影子。古人既是我们生物基因的源头，也是我们文化基因的源头。

在今天，重新阅读古代典籍，学习来自源头的教诲，这里面既有血缘的亲切感，更有思考模式的亲近感。他们是过去的我们，我们是现在的他们。时代在变化，科技在进步，跟身体和器物相关的物质现象日新月异，然而精神气质方面的近似让我们明白，越是接近和理解古人的所思所想，我们越能走向未来。

古人的智慧记载于古代典籍里，阅读这些古代典籍的精华之处，学习他们面对人群冲突和环境挑战的策略，将有助于我们更好地建设人类命运共同体和人与自然和谐共生的共同体。

我们的祖先和我们在一起。我们一直是同一群人。

武汉大学哲学学院教授、博士生导师
武汉大学珞珈特聘教授　苏德超

目录

五谷

《孟子·滕文公上》:“树艺五谷，五谷熟而民人培育。”赵岐注:“五谷，谓稻、黍、稷、麦、菽也。”在古代，天下万民都由五谷供养，五谷是百姓的生计、神灵的寄托，更是国家的底气。

拔苗助长

春秋战国时期，宋国（今河南省境内）有一个农夫，娶了一个贤惠的妻子，妻子为他生了一儿一女。一家四口省吃俭用多年，终于置办了几亩薄田，总算可以过上衣食无忧的生活了。

这个宋国农夫很要强，见不得别人过得比自己好；他还是个急性子，连吃饭都比别人吃得快。他在田里播下粮种不久，禾苗刚刚钻出土来，他就开始担心它们长得慢，天天在田边焦急地转来转去。今天看看，禾苗没长高；明天看看，禾苗还是没长高。他还发现，自家田里的禾苗，比邻居田里的禾苗长得矮。于是他想：我为什么不帮它们长高呢？主意打定，他就动起手来，把每棵禾苗都拔高了一点儿。

禾苗多得数不清，拔高一遍得花多少时间呀！他从早上一直忙到太阳落山，累得腰酸腿疼，两眼直冒金星，才拖着疲惫的身子回到家，一进门就躺在土炕上，喘着粗气对家里人说："今天可把我累坏了，我总算帮助禾苗长高了！"

他的儿子听了，感到莫名其妙，急忙跑到田里去看，结果禾苗已经全部枯死了。

"这一季的收成泡汤了，接下来的日子该怎么过呀！"妻子和儿女抱头痛哭。而那个揠苗助长的宋国人呢，还躲在炕上，一脸无辜地发呆。

按理说，天下没有人不希望庄稼长高的。认为苗长高无用而放弃的，如同不给苗锄草的懒汉；而盲目帮助苗长高的，就是这个拔苗助长的人，不但不会带来好处，反而毁坏了庄稼。

拔苗助长：比喻违反事物发展的规律，急于求成，结果反而把事情弄糟了。

古代米饭进化史

◆ **先秦**

蒸饭

先煮后蒸

◆ **秦汉**

糗糒（qiǔ bèi）

晒干的熟米饭，用水或汤泡开

◆ **魏晋**

菜饭

与剁碎的蔬菜一起烹饪

◆ **唐代**

稻米饭、粟米饭

主食开始变得花样百出

◆ **宋代**

青精饭等

米饭的吃法更加丰富，与现代几无不同

原文

宋人有闵其苗之不长而揠之者，芒芒然归，谓其人曰："今日病矣！予助苗长矣！"其子趋而往视之，苗则槁矣。

天下之不助苗长者寡矣。以为无益而舍之者，不耘苗者也；助之长者，揠苗者也，非徒无益，而又害之。

——《孟子·公孙丑上》

译文

宋国有个担心禾苗长不快而把它拔高的人，非常疲倦地回去，告诉他的家人说："今天累坏了，我帮助禾苗长高了。"他的儿子跑过去看，禾苗都枯槁了。天底下不希望自己的禾苗快快长高的人很少见啊。以为培养无益而放弃的，就像不给禾苗除草的懒汉；盲目帮助它生长的，就像这个拔苗助长的人，不仅无益，反而有害。

哲思一问

如果一个人做什么事情都很慢，你觉得应该催他还是不催他呢？

《孟子》

这部书是孟子的言论汇编，记载了孟子及其弟子的政治、教育、哲学、伦理等思想观点和社会活动，由孟子和他的学生万章、公孙丑等人编纂而成。孟子，名轲，战国时期著名哲学家、思想家、教育家，他继承和发展了孔子的儒家思想，是儒家学派的代表人物，与孔子并称“孔孟”，元代被追封为仅次于孔子的“亚圣”。

《孟子》是中国儒家经典，南宋时期被理学家朱熹定为“四书”之一。“四书”（《论语》《孟子》《中庸》《大学》）和“五经”（《诗经》《尚书》《礼记》《周易》《春秋》），是古代科举考试的必考科目。《鱼我所欲也》《得道多助，失道寡助》《寡人之于国也》《生于忧患，死于安乐》等经典篇章，均出自《孟子》。

《孟子》还是极富古代特色的散文集，对后世散文的发展影响深远。

五谷

榖：谷是古代庄稼和粮食的总称，如『百谷』，如『五谷』。

“五谷”一词，最早见于《论语·微子》：“丈人曰：‘四体不勤，五谷不分，孰为夫子？’”

对于五谷，历来有多种说法，主要是指五种原产于中国的粮食作物，一是黍（shǔ），去壳后称黄米；二是稷（jì），又称粟、禾、谷子，还指高粱；三是麦，指小麦；四是菽（shū），豆类的总称；五是稻，指水稻。还有的史籍把麻列入了五谷。“拔苗助长”故事里的苗，应该是指稷的苗，也就是谷子苗或者高粱苗，这是当时中国北方（包括宋国）的主要粮食作物。

如今广泛种植的玉米、地瓜、土豆、花生等，是明朝末年才传入中国的。

国宝小档案

名　　称	青釉堆塑谷仓罐
所属年代	三国
所属博物馆	故宫博物院
出土地点	浙江省绍兴市三国墓
文物综述	青釉堆塑谷仓罐是一件具有典型时代特征的瓷器。瓷罐上部分的中间是一座三层的崇楼，在第一层有两只狗在把门，屋檐上有栖息的鸟和觅食的老鼠；崇楼两侧还有两座亭阙，阙下有八位侍仆各执不同的乐器，正在演出。这件瓷罐的雕饰展示了1700年前，浙江绍兴一带人们欢庆丰收、牲畜满栏的美好生活场景。

衣冠

古代士以上戴冠，衣冠连称，指士以上所着的服装。《论语 · 尧曰》记载：“君子正其衣冠。”华夏衣冠一直是华夏族的象征，更是古代中原民族引以为傲的文明成就。

天衣无缝

远古的夏夜，一个叫郭翰的人在户外纳凉。当时的夜空特别高、特别深，月亮特别圆、特别亮，如水的月光倾泻到大地上，像一个美丽的梦境。

郭翰仰卧在躺椅上，久久地凝望着梦幻般的夜空发呆。他想到了嫦娥奔月的传说，想到了牛郎织女的故事。那月亮上的影子，一定是嫦娥、吴刚、玉兔和桂花树吧？那繁星闪烁的银河，一定有牛郎和织女隔河相望吧？而天边如衣裙般飘荡的白云，一定就是织女的杰作了。想来，织女一定很辛苦吧，她日夜不停地织啊织，才织成了满天的云彩。

正当郭翰面对夜空浮想联翩时，月亮躲进了云层，云朵翻卷成不同的形状。突然，一片洁白的云朵幻化成一位仙女，从夜空中悄然飘下。

在恍恍惚惚中，郭翰惊奇地发现，那个衣裙飘飘的仙女飘啊飘，直至飘落在自己面前。

待仙女站定，又惊又怕的郭翰急忙问："请问，您是哪位神仙？"

仙女回答："我从银河来，是牛郎织女故事里的织女。"

郭翰那颗悬着的心这才落地，然后说："欢迎织女重回人间，再次体会人间冷暖。"

借着皎洁的月光，郭翰发现，织女的衣装光洁如玉、柔滑如水，从上到下看不到一条线缝。

于是，郭翰惊奇地问织女：“请问织女，人间的衣裳都是用针线缝制而成的，而您的衣裳却没有针线缝制的痕迹，究竟是什么原因呢？”

织女嫣然一笑，说：“我穿的是天衣，天衣本来就不是用针线缝制的，所以没有衣缝。”

从此，就有了“天衣无缝”的说法。

天衣无缝：人们用来比喻事物完美自然、细致周密，没有一点儿破绽。

古代裙子进化史

- **先秦**
  上衣下裳、腰束大带
- **秦汉**
  上衣短，裙子长，最有名的为带褶皱的留仙裙
- **魏晋**
  颜色丰富，纹饰增多
- **唐代**
  裙摆曳地，束在胸部或腋下，装饰繁多
- **宋代**
  色彩素雅，折裥增多，裙围增大
- **明代**
  每褶一色的月华裙和绣花各异的百花裙广泛流行
- **清代**
  盛行华丽富贵的马面裙
- **民国**
  修身有型的旗袍极具代表性

原文

夏日，郭翰卧于庭中，仰视空中，见有人冉冉而下，曰："吾织女也。"郭徐视其衣，皆无缝。问之，曰："天衣本非针线为也。"

——《灵怪录·郭翰》

译文

夏天，郭翰在庭院中躺着，仰视天空，看见有人慢慢落下，来人说："我是天上的织女。"郭翰仔细地看她的衣服，都没有缝。问她，织女回答说："天衣本来就不是针线缝成的。"

哲思一问

大家觉得"人靠衣装马靠鞍"，这句话说得对吗？

《古诗十九首》

牛郎织女的故事起源很早，最早在《诗经》中便有萌芽的迹象，出现了织女和牵牛这天河中相近的两颗星宿；然后逐渐被古人意会，在想象中赋予情感，逐渐完善，直到汉代已经成为民间非常有名的传说故事，与《梁山伯与祝英台》《孟姜女哭长城》《白蛇传》并列为中国四大民间传说。

东汉时期，无名氏创作的古诗《迢迢牵牛星》中，牵牛、织女已是一对相互倾慕的恋人，借写织女有情思亲、无心织布、隔河落泪、对水兴叹的情态，来比喻人间的离妇对辞亲远去的丈夫的相思之情，写出了人间夫妻不得团聚的悲哀。《迢迢牵牛星》被南朝萧统选录编入《文选》，与其他诗歌合称为《古诗十九首》。《古诗十九首》是在汉代民歌基础上发展起来的五言诗，长于抒情，寓情于景，艺术成就很高，被刘勰称为“五言之冠冕”。

衣冠

衣：衣是人们用来遮蔽身体的。上身穿的叫衣，下身穿的叫裳。

衣冠，是汉族具有历史文化积淀的符号，是中国礼乐文明的重要组成部分。

周朝将礼划分为五礼：吉礼（祭礼）、凶礼（丧礼）、军礼、宾礼、嘉礼（庆礼）。与五礼相对应，发展出不同场合的冠服制度，祭祀有祭服，朝会有朝服，婚嫁有吉服，从军有军服，服丧有凶服。

汉服，是汉族传统服饰，源于黄帝时期，成形于周朝，承载了汉族居住区的染、织、绣等传统工艺。汉服有“礼服”与“常服”之分。形制上主要有上衣下裳制、深衣制（把上衣下裳缝连起来）、襦裙制（襦是指短衣）。

唐装，是汉族服饰系统中比较有代表性的款式，特征是交领、右衽、系带，主要有齐胸衫裙、唐圆领袍、交领襦裙等。

冠，也就是帽子，传说是黄帝发明的。冠冕一般适用正式场合，配相应的礼服或公服。

古代男子成人礼叫冠礼。在古代，男子二十岁，由氏族长辈戴上冠冕，表示已经成年了。女子成人礼叫笄礼。笄，是古代女子装饰发耳的一种簪子，用来固定住挽起的头发。在古代，女子十五岁称为“及笄”，行笄礼表示已成年，可以出嫁了。

国宝小档案

名　　称	直裾素纱禅衣
所属年代	西汉
所属博物馆	湖南省博物馆
出土地点	湖南省长沙市马王堆一号汉墓
文物综述	在现代人眼中，古人的衣服一定既厚重又不方便。而这件直裾素纱禅衣的出现改变了现代人对古人服饰的刻板看法。25g的重量，轻薄飘逸的质感，即使登上国际时装秀的舞台，也一定会成为焦点。这件素纱禅衣交领，右衽，直裾，款式类似于当时流行的上下衣裳相连的深衣。面料为素纱，边缘为几何纹绒圈锦。你能想象吗？这种西汉初年的工艺，现代人用先进的机器和同样的面料仿制，至今都无法做到比这件文物更轻。

隐居

公元405年，陶渊明辞去官职归隐田园，此后，他成了中国历史上著名的隐士，并被无数文人士大夫视为内心的榜样。直到今天，人们对他的道德情操依旧无比推崇。

世外桃源

东晋太元年间，武陵郡（今湖南西部）有一个渔夫。一天，他摇着船沿着溪水前行，不知走了多远的路程，忽然遇见一片桃花林，长在溪水两岸，有几百步那么大。桃林中没有其他杂树，芳草鲜美，落花缤纷，风景美得令人心醉。

渔夫感到非常好奇，就继续向前走，穿过这片桃林，在溪水源头的地方看见一座山，山上有个小小的洞口，仿佛有亮光透出来。渔夫走下渔船，从洞口爬了进去。一开始，山洞非常狭窄，仅仅能钻进一个人。走了几十步，突然开阔明亮起来。哇！出现在他眼前的，是平坦开阔的土地、整齐有序的农舍、肥沃的粮田、漂亮的池塘、茂盛的桑林和竹林。条条田间小道纵横交错，村里不时传来一阵阵鸡鸣狗叫声。

在路上行走和在田间耕作的男女，衣着和外面的人差不多。老人和孩子，都显得十分快乐。他们见到突然闯入的渔夫，非常惊讶，问他从哪里来，渔人一一回答。于是，他们把渔夫请到家中，杀鸡摆酒，盛情地招待他。村里人听说外面来了一位不速之客，都赶来问这问那。

村里的人告诉渔夫，很久很久以前，他们的祖先为了躲避秦朝战乱，带领妻子儿女和同乡来到这个与世隔绝的地方，安心住了下来，从此与外面断绝了一切往来。渔夫问他们："你们知道现在是什么朝代吗？"他们竟然不知道有过汉朝，更不用说魏晋了。渔夫把自己知道的事一一讲给他们听，引得他们不停地叹息。

随后，其他人争相把渔夫请到家中，用美酒佳肴款待他。渔夫住了几天，才恋恋不舍地告辞。临走时，村里的人特别嘱咐渔夫："这里的事，请您不要告诉外面的人。"渔夫答应了他们，然后钻出山洞，找到自己的渔船，顺着来路往回走，还在很多地方留下了记号。

回到武陵郡，渔夫就违背承诺，急匆匆地报告了太守，说桃花源头有一个与世隔绝的村庄。太守立刻派人随他前往，按照先前留下的记号前行，竟然迷失了方向，根本无法找到那个桃花源。

南阳一个叫刘子骥的大文人，听说了这件事，也高兴地赶来寻找桃花源，可桃花源没找到，他就病死了。后来，就再也没人前去寻找桃花源了。

历代隐士及隐居地点

- **四皓**
  秦汉
  商山
- **严光**
  东汉
  富春江畔
- **陶渊明**
  东晋南北朝
  南山
- **王维**
  唐朝
  辋川
- **林逋**
  宋朝
  西湖孤山

原文

初极狭，才通人，复行数十步，豁然开朗。土地平旷，屋舍俨然，有良田、美池、桑竹之属。阡陌交通，鸡犬相闻。其中往来种作，男女衣著，悉如外人；黄发垂髫，并怡然自乐。

——《陶渊明集·桃花源记》

译文

起初洞口很狭窄，仅容一人通过。又走了几十步，突然变得开阔明亮了。（呈现在他眼前的是）一片平坦宽广的土地，一排排整齐的房舍，还有肥沃的田地、美丽的池沼、桑树竹林之类的。田间小路交错相通，鸡鸣狗叫到处可以听到。人们在田野里来来往往耕种劳作，男女的穿戴跟桃花源以外的世人完全一样。老人和小孩们个个都安适愉快，自得其乐。

哲思一问

大家觉得在学生时代，人应当自信张扬，还是应该低调谦和呢？

陶潜与《陶渊明集》

《陶渊明集》是晋代诗人陶渊明的作品合集，全书收入 127 首诗，以及 12 篇赋辞、纪传、赞述、疏、祭文等。其中的散文《桃花源记》，以世外桃源为铺垫，引出了一个没有君权、没有压迫、平等自由的理想世界。

陶渊明，名潜，字渊明，又字元亮，号靖节先生，别号五柳先生，是中国田园诗派的代表人物和鼻祖。他出身名门，先后担任江州祭酒、镇军参军等官职，41 岁任彭泽县令。

曾经有一天，郡里派了一个官员打着“督查”的名义到彭泽县巡察。随从告诉陶渊明，县令应该穿上官服迎接。陶渊明愤怒地说：“我不能为了五斗米，向乡里小儿折腰！”加上当时他最喜欢的一个妹妹病逝，于是，仅仅当了 80 多天县令的陶渊明，写下《归去来兮辞》这篇宣言，辞去官职，正式归隐田园，过起了“采菊东篱下，悠然见南山”的隐居生活，直到生命的结束。

隐士

隱：隐就是隐蔽不显露出来。清代徐灏的《说文解字注笺》说隐，本意是隔着土山不能看见，后来引申出隐蔽的意思。

隐士，是指“隐居不仕的士人”，也就是有才能、有学问能够做官，但却选择不做官的人。只有那些保持人格独立、追求思想自由、不委曲求全、不依附权贵、具有较高才学和品德，并且是出自内心不与官场之人同流合污的隐居者，才能被称为隐士。

中国的隐士文化源远流长。孔子曾经说：“邦有道则仕，邦无道则隐。”意思是国家治理有道就选择当官，国家治理无道就选择隐居。孟子也说：“穷则独善其身，达则兼济天下。”要求文人失意时就去隐居，得意时才去当官。

魏晋南北朝时期，由于天下大乱，门阀争斗，五胡内迁，当时一大批知识分子，受到老子、庄子思想的影响，选择了逃避现实、远离政治，躲进山林，当起了隐士，一心一意做起了学问，写起了田园诗和山水诗。其中的代表人物，有竹林七贤、陶渊明、谢灵运、鲍照等。这一时期隐士文化达到了顶峰。

长安南部的终南山，是古代文人集中隐居的地方。直到今天，仍然有一批修行者住在那里，与群山、清风为邻。

国宝小档案

名　称	仇英《桃源仙境图》
所属年代	明代
所属博物馆	天津博物馆
出土地点	无
文物综述	《桃源仙境图》是明代画家仇英在向自己一千多年前的偶像致敬。山林是中国文人的精神乐土，当他们学而不仕、为而不达，感慨自己生不逢时的时候，山林就成了他们的疗愈地。画中有三位白衣高士临流而坐，抚琴清谈，两个书童在一旁服侍。他们身旁清泉流淌、桃花灿烂，而身后的远山峰峦耸峙，山间白云缭绕，殿宇楼台时隐时现，呈现出一个远离世俗、虚幻缥缈的人间仙境。

茶

茶成为中国人的必需品是从唐宋开始的，社会生活丰裕富足，而茶的雅趣正好满足了人更高级的需求。

以茶代酒

我们现今在酒宴上，“以茶代酒”往往是对年长者的礼仪，也是一种明智的善举。

最早的“以茶代酒”的故事，发生在三国鼎立时期的吴国。东吴末代皇帝孙皓即位后，将六十高龄的韦曜封为侯，让他继续负责国史编修。当时，孙皓周围有一群阿谀奉承之徒，多次报告东吴出现祥瑞，孙皓很是高兴，便喜滋滋地向韦曜显摆。不承想，韦曜兜头泼了一盆凉水说：“这只是人家箱匣中的东西而已。”不久，孙皓想为父亲孙和作“纪”，但韦曜坚持以孙和没有当过皇帝为由，只为孙和作“传”。

类似的事情不止一次，渐渐地，孙皓厌恶了这位不知好歹的老史官。为此，韦曜又忧虑又害怕，便以自己年老体衰为由，请求辞去官职，但孙皓始终不答应。当时，韦曜生了病，天天吃药，还需要人照顾，因此更加迫切地要求辞职。

孙皓不但是个暴君，还是个酒鬼，几乎天天泡在酒缸里。他每一次摆酒设宴，都要群臣作陪，而且一喝就是一天，直到太阳落山。可怕的是，酒宴还有一个规矩：每人以喝完七升为限，不管会不会喝，能不能喝，七升酒必须见底。即使自己不能全部喝完，也要被监酒官强迫着灌下。

韦曜是个文人，还是个老人，只有二升的酒量。当初他受到特殊礼遇时，孙皓对他很是照顾，每每喝酒，看他喝不动了，就悄悄换上茶。“以茶代酒”的千古韵事，就这样诞生了。可等到他不再受宠幸时，孙皓反而强迫他喝酒，往往因为他喝不够七升而施加惩罚。

每次宴会结束后，孙皓还有一个保留节目，就是让大臣们互相嘲弄，互相揭短，而他则居高临下地看热闹。在这个过程中，假如谁有了过失，或者犯了孙皓的忌讳，就要被捕，甚至杀头。韦曜认为，朝臣在公共场合相互诽谤，内心就会相互怨恨，平时就不能和衷共济，并不是什么好事，因此他只是出示难题，提问经典的辞义，展开辩论而已。孙皓认为韦曜故意不接受王命，于是把对韦曜前前后后的不满累加在一起，将年近七十的韦曜投进了监狱。

韦曜：又名韦昭，东吴的四朝元老，是从事史书编纂时间最长的史学家，《吴书》就是他的杰作。

原文

皓每飨宴，无不竟日，坐席无能否率以七升为限，虽不悉入口，皆浇灌取尽。曜素饮酒不过二升，初见礼异时，常为裁减，或密赐茶荈以当酒，至于宠衰，更见逼强，辄以为罪。

——《三国志·吴志·韦曜传》

译文

孙皓每次设宴款待群臣，都要持续一整天。在座的人不管能不能喝酒，一律限定要喝七升酒的量；即使不能全部喝下去，也要往脸上浇灌把酒舀干净。韦曜素来饮酒超不过二升的量。当初他受到孙皓的优礼和特殊对待时，常常为他减免酒量，有时悄悄赐他茶水当作醇酒。到了他失宠之后，孙皓不仅要强迫他喝下七升酒，而且要以此加罪于他。

哲思一问

如果你的朋友让你做你不喜欢的事情，你会听从照做，还是婉言谢绝呢？

陈寿与《三国志》

许多人关于三国的历史知识，主要来自罗贯中的通俗小说《三国演义》，但那是“小说家之言”，不是真正的历史，而真正的信史是陈寿的《三国志》。

《三国志》是一部优秀的纪传体史书，与《史记》《汉书》《后汉书》合称“四史”，主要记载了从魏文帝黄初元年（220 年）到晋武帝太康元年（280 年）共 60 年间三国鼎立的历史。本书将三个政权分门叙述，使魏、蜀、吴三国各成体系，并且按照正统观念列出主次，以曹魏为正统，将刘蜀、孙吴作为旁支，形式上就是把魏君部分称为纪，把蜀君、吴君部分称为传。

陈寿，字承祚，西晋史学家、文学家。少年时代，他拜蜀国史学家谯周为老师。在谯周影响下，他对史学产生了浓厚兴趣，加上他亲身经历了 32 年的晋国生活，又在蜀国担任过观阁令史，后来还因编著了《蜀相诸葛亮集》成为晋朝著作郎，所以他才能完成《三国志》。

茶文化

荼：荼本意是古代的一种苦菜，现在指茶叶和用茶叶沏成的饮料。唐朝之前没有茶字，人们用荼字来替代。

茶，是原产于中国的日常饮品，也是中国的一个文化符号。

茶有绿茶与红茶之分。绿茶，又称不发酵茶，以茶树新梢为原料，经杀青、揉捻、干燥等工艺制作而成，茶叶色泽和冲泡后的茶汤以绿色为主调；红茶，又称发酵茶，经萎凋、揉捻、发酵、干燥等工艺精制而成，茶叶色泽和冲泡的茶汤以红色为主调。

中国西南部是茶树的原产地和茶业的发源地。在战国以前，茶主要流行于巴蜀地区。秦汉统一全国后，茶叶由西向东，在长江中下游和中国南部传播开来。唐代，饮茶之风传遍全国。唐代的书生陆羽，一生嗜茶如命，写了一部著作《茶经》，把佛、道、儒三教融入饮茶之中，创造出茶学、茶艺、茶道，把中国茶文化带入了一个新境界。

不过，唐代吃的茶类似于今天的茶汤，需要加入酥油、盐粒等来调味。如果说唐代茶文化尚且有几分粗粝的话，宋代茶文化就艺术多了，当时流行一种斗茶法——先将饼茶碾成粉末，放在碗中，再用微沸初漾的水冲点入碗，然后以茶筅用力打击，直至出现泡沫。茶的优劣，以沫饽出现是否快、水纹露出是否慢来评定。

国宝小档案

名　　称	鎏金飞天仙鹤纹银茶罗子
所属年代	唐代
所属博物馆	法门寺博物馆
出土地点	陕西省宝鸡市法门寺
文物综述	唐鎏金飞天仙鹤纹银茶罗子是用来筛茶叶的工具。茶罗子呈长方体，由盖、罗、屉、罗架、器座组成。屉面雕饰华美、工艺精湛。这件茶罗子是一组皇家茶具中的一件，它的主人是唐末皇帝唐僖宗，茶罗子底部刻有唐僖宗的乳名“五哥”。公元 873 年，刚刚继位的唐僖宗将包括这套茶具在内的两千多件珍宝供奉在法门寺地宫之内，以祈求唐王朝国运好转。

酒

酒，用谷物、水果发酵制成的饮料。饮酒是全人类的古老传统，中国古人所酿的酒，在8000—6000年前的仰韶文化的陶器中就有了发现。

鸿门宴

秦朝灭亡后，项羽拥兵40万，驻扎在新丰鸿门；刘邦领兵10万，驻扎在霸上。双方兵力悬殊。刘邦的部下曹无伤为了给自己留一条后路，便派人对项羽说：“刘邦想在关中称王，拜子婴为相国，占有所有的珍宝。”项羽的谋士范增趁机火上浇油说：“刘邦现在野心不小，得立刻进攻他，不要错失良机。”于是，项羽决定第二天就出兵消灭刘邦。

项羽的叔叔项伯，与刘邦的谋士张良是好朋友。他连夜骑马赶到霸上，透露了项羽即将发动进攻的消息，劝张良跟自己走。但张良没有选择逃跑，而是赶紧把消息报告了刘邦。刘邦了解到张良曾经对项伯有恩，交情不浅，于是连忙将项伯请了进来，向他敬了酒，相约结为儿女亲家，然后对项伯说：“我攻入函谷关后，登记了官民户口，封上了所有仓库，日夜盼望项羽将军到来，哪里敢反叛呢？！希望您把我的话告诉项羽将军。”项伯答应了刘邦的请求，并对刘邦说：“你明天早些来给项王道个歉吧。”

项伯连夜回到鸿门，把刘邦的话一字不漏地传递给了项羽，并且劝他不要进攻刘邦，而是借此机会好好犒劳这个功臣，项羽答应了。

第二天清晨，刘邦带着一百多名随从赶到鸿门，亲自向项羽道歉，说自己绝对没有和项羽作对的意思。项羽说：“这都是曹无伤胡说八道，不然我怎么会有进攻你的想法呢？”当天，项羽留下刘邦一起喝酒，项伯、范增和张良则一起陪侍。

宴席上，范增多次暗示项羽下令刺杀刘邦，项羽却没有反应。于是，范增叫来项羽的堂弟项庄，叮嘱他借着舞剑杀死刘邦。项庄走进大帐，给项羽敬完酒，便拔剑起舞想找机会刺死刘邦。项伯感到事情不妙，也拔剑起舞，用身体护住刘邦。危急时刻，张良出帐找到大将樊哙，樊哙立刻手持宝剑和盾牌闯进大帐，他当面指责项羽：“沛公攻入咸阳，却没有贪一毫一毛，项王却想诛杀这样劳苦功高的人，实在是不讲信义。”

过一会儿，刘邦和樊哙以上厕所为名离开大帐，从小路回到了霸上，留下张良向项羽表示歉意，并分别献上白璧和玉斗给项羽和范增。项羽接受了玉璧，而范增将玉斗扔在地上，用剑把它砍碎了，并说：“唉，刘邦将来必定夺取项王的天下，我们这些人都要成为他的俘虏了。”

古代著名饭局

- **渑池之会** 蔺相如与秦襄王
- **煮酒论英雄** 曹操与刘备
- **饮中八仙** 李白与贺知章等
- **杯酒释兵权** 赵匡胤与石守信等
- **千叟宴** 乾隆以及千名老者

楚汉之争：秦朝灭亡后，西楚霸王与汉王刘邦两大集团开展的政权争夺战，最终以项羽败亡，刘邦建立西汉而告终。

原文

项王即日因留沛公与饮。项王、项伯东向坐，亚父南向坐。亚父者，范增也。沛公北向坐，张良西向侍。范增数目项王，举所佩玉玦以示之者三，项王默然不应。

——《史记·项羽本纪》

译文

项王当日就让沛公留下一起喝酒。项王、项伯面朝东坐，亚父面朝南坐。亚父也就是范增。沛公面朝北坐，张良面朝西陪侍着。范增好几次给项王递眼色，又好几次举起身上佩戴的玉玦向他示意，项王只是沉默着，没有反应。

哲思一问

鸿门宴上项羽为什么不直接杀刘邦呢？

《史记》

《史记》，原名《太史公书》，又称《太史公记》《太史记》，直到东汉末年才被称为《史记》，作者是担任太史令的西汉史学家司马迁。本书记载了上至传说中的黄帝时代，下至汉武帝执政时期共3000多年的历史。此前的史书采用的是以时间为次序的编年体，或者是以地域为划分的国别体，而《史记》首次开创了以人物传记为中心反映历史的体例，因此是中国历史上第一部纪传体通史。“不虚美，不隐恶”“究天人之际，通古今之变，成一家之言”，本书脉络清晰，详略得当，故事性强，文采飞扬，是一部具有极高文学价值的史学名著，被列为“二十四史”之首，被近代文学大师鲁迅誉为“史家之绝唱，无韵之离骚”，成为国学、国史乃至人类历史著作的一座难以企及的高峰。

酒文化

酒：酒原有迁就的意思，现在指用粮食、水果等含淀粉或糖的物质发酵制成的饮品。

传说夏朝有一位国君，名叫杜康，又叫少康。他首先酿出了秫酒，也就是高粱酒，因此被认为是中国酿酒的始祖，还被尊为酒神、酒圣。

在中国古代，酒被视为神圣的物质，酒的使用更加庄重严肃，不到祀天地、祭宗庙、迎嘉宾是不能用的。后来，酿酒业逐渐发达，酒开始走进千家万户。由于古代的白酒是一种浓香型的粮食酒，喝起来醇香润口，可使人兴奋，也具有驱寒、提神、舒筋、活血等功效，所以成为官方和民间宴席上必备的饮品。结婚，要喝喜酒；祝寿，要喝寿酒；孩子满月，要喝满月酒；媳妇回门，要喝回门酒；朋友归来，要喝接风酒。高兴了，就一醉方休："人生得意须尽欢，莫使金樽空对月"；失意了，就借酒消愁："何以解忧，唯有杜康"；远行前，要以酒壮行："劝君更尽一杯酒，西出阳关无故人"。诗人喝酒，可以喝出佳作，如"李白斗酒诗百篇"；书法家喝酒，可以喝出精品，如王羲之的《兰亭集序》，怀素的草书；将军嗜酒，可能丢掉性命，如张飞；皇帝酗酒，足以丢掉皇位，如商纣王。喝酒能成事，也能误事，因此人们对酒又爱又恨。

国宝小档案

名　　称	乳钉纹铜爵
所属年代	夏代
所属博物馆	洛阳博物馆
出土地点	河南省洛阳市偃师二里头遗址
文物综述	爵作为一种常见的饮酒器，流行于夏商时期。很多人会好奇，为什么古代人会用这种奇怪的器皿饮酒呢？有学者研究发现，爵实际上是一种祭祀用的青铜礼器。它是古代中国人礼仪制度的一种体现。这件乳钉纹铜爵高 22.5 厘米，流、尾长 31.3 厘米，壁厚 0.1 厘米，腰腹正面装饰了一排乳钉。它的存在，是二里头文化以及夏王朝历史的最佳证明。

弈

弈，下棋，如对弈。在儒家的传统中，士大夫似乎并不提倡激烈的竞争，弈与射一样，不仅要合乎礼仪，而且要体现一个人的内涵和修养。

当局者迷

唐朝有一个负责图书整理编纂的弘文馆学士，名叫元澹，字行冲，曾经写过《魏典》三十篇，在当时影响很大，唐玄宗李隆基也很赏识他。

一次，大臣魏光向唐玄宗上了一道奏折，要求将唐初名相魏徵整理、修订过的《礼记》列为儒家经典。唐玄宗同意了魏光的提议，便颁布圣旨，要求元澹等人对《礼记》仔细校阅，加上注释，以便颁行全国。

元澹接了圣旨，就立即行动起来，和学术权威范行恭、施敬本等一起，对《礼记》进行了严谨、细致的整理、修订，再加上注释后，恭恭敬敬地呈给了唐玄宗。

唐玄宗审阅后，准备将整理注释后的《礼记》颁行全国。在颁行前，他特意把担任尚书左丞相的文坛领袖张说（yuè）招来，征询他的意见。

没想到，张说看了元澹等人整理的书稿，连连摇头。他说："陛下，《礼记》一书，一向是儒家经典，地位足以与经书并列。现在天下文人采用的，都是西汉戴圣编纂注释的本子。这个本子，已经沿用了千年，说明它经得住时间考验。臣以为，没有必要用魏徵的新本子，也没有必要对这个新本子加以注释。"

唐玄宗听了，觉得有道理，便同意了张说的意见。

元澹见自己的劳动成果被束之高阁，心中十分不满，便写了一篇《释疑》进行辩解。在《释疑》中，他对西汉戴圣编纂的《礼记》和这次注释整理的《礼记》加以比较。他一再说明，魏徵正是嫌戴圣编注的《礼记》冗长繁杂，才去粗取精，重新整理的。现在的本子明显优于戴圣的本子，而那些死守章句的人却抱住传统不放，实在令人遗憾。这正像下围棋一样，“当局称迷，旁观必审”，意思是：下棋的人往往稀里糊涂，旁观的人却看得清清楚楚。

“当局者迷，旁观者清”，从此沿用开来。

当局者迷，旁观者清：意思是下棋的人往往稀里糊涂，旁观的人却看得清清楚楚。

原文

有二人弈者，虑子而未定，其旁观者先见之。二人以为能，求与之对，则不及二人远甚。故当局虽工，而蔽于求胜之心；旁观虽拙，而灼于虚公之见。故凡以利害之心虑事，是虑弥周而去道弥远。小数且然，况家国天下之事乎。

——《陈确集 · 瞽言二 · 蔽胜》

译文

有两个人下棋，正考虑棋该怎样走却还没做决定的时候，旁观者先看出了应对的方法。那两个下棋的人认为旁观者很厉害，但等到旁观者应邀对弈时，却远远不如二人厉害。所以说，当局者能力再强，却被求胜的心所蒙蔽了；旁观者再笨，却因为心中没有顾虑而看得很准。因此，凡是以利害之心考虑事情的，往往因想得太多而偏离周全越远。小事尚且如此，何况国家大事呢。

哲思一问

大家觉得在遇到困难时，是应当寻求帮助，还是应当自己克服呢？

张华与《博物志》

“尧造围棋，丹朱善之。”这句关于围棋起源的记载可追溯到战国时期的《世本》。不过，《世本》早已失传，后世关于围棋起源的记载大多引用西晋张华的《博物志》。张华，字茂先，是西晋著名的政治家、文学家和藏书家。他聪敏多才，记忆力极强，对天下古今事物都了如指掌，学识之渊博连当时的皇帝都感到奇异。

《博物志》是中国古代一部重要的博物学著作，共十卷，内容包罗万象，分类记载了山川地理、飞禽走兽、人物传记、神话古史、神仙方术等，堪称古代版的百科全书。书中收录了许多我们熟悉的古代神话和传说，如女娲补天、夸父逐日、凤凰、麒麟等，是了解中国古代文化、科学和民俗的重要来源。

弈

：弈就是围棋，围棋以棋为子，以棋子互相包围而相杀。

弈，特指围棋，是一种由中国古人发明的益智游戏，也是世界上最古老的棋种之一。

关于围棋的起源传说很多，一种传说认为围棋是尧帝发明的，而流传最多的说法是“尧造围棋”。据说，尧是远古时期华夏氏族首领，处事公正，万众拥戴，但他的儿子丹朱却很不听话，尧为了教育他，专门发明了围棋。算起来，尧所处的时代距离今天已经有四五千年了。

春秋时期，这种益智游戏开始流行。对此，《左传》《孟子·告子上》都有记载。《孟子》还谈到，当时最有名的围棋高手叫弈秋。

围棋出现以后，吸引了越来越多的爱好者，古代知识分子曾经把会不会下围棋看成是不是高雅之士的标志。南北朝时期，围棋从中国传到朝鲜、日本。

围棋还有“手谈”“坐隐”等别名。叫“手谈”是因为下棋时是用落子来代替思想交流，说话是很少的。下围棋时聚精会神，一下就是很长时间，好像与世隔绝，因而也叫“坐隐”。

除了围棋，中国古人还发明了象棋，因为棋盘中间写着“楚河汉界”，所以许多人认为象棋起源于楚汉相争时期，是由大将韩信发明的。在中国民间，象棋比围棋更为普及。

棋类项目在古代很受欢迎，因而产生了不少与棋有关系的成语，如“棋逢对手”“举棋不定”“棋高一着”“星罗棋布”等。

国宝小档案

名　称	博具
所属年代	西汉
所属博物馆	湖南省博物馆
出土地点	湖南省长沙市马王堆三号汉墓
文物综述	这是一套马王堆汉墓出土的博具，包括博局、长短筹码、大小棋子等博戏用具，是目前发现的最完整的秦汉时期的博具。博戏是古代一种争胜负、赌输赢的游戏，和围棋一样起源很早。博戏称为博，围棋称为弈，博弈这个词本义就是下棋。博戏在汉代风行一时，魏晋以后开始走向衰落，今已失传。围棋却一度成为文人雅士们最钟爱的智力游戏，现已遍布世界各地。

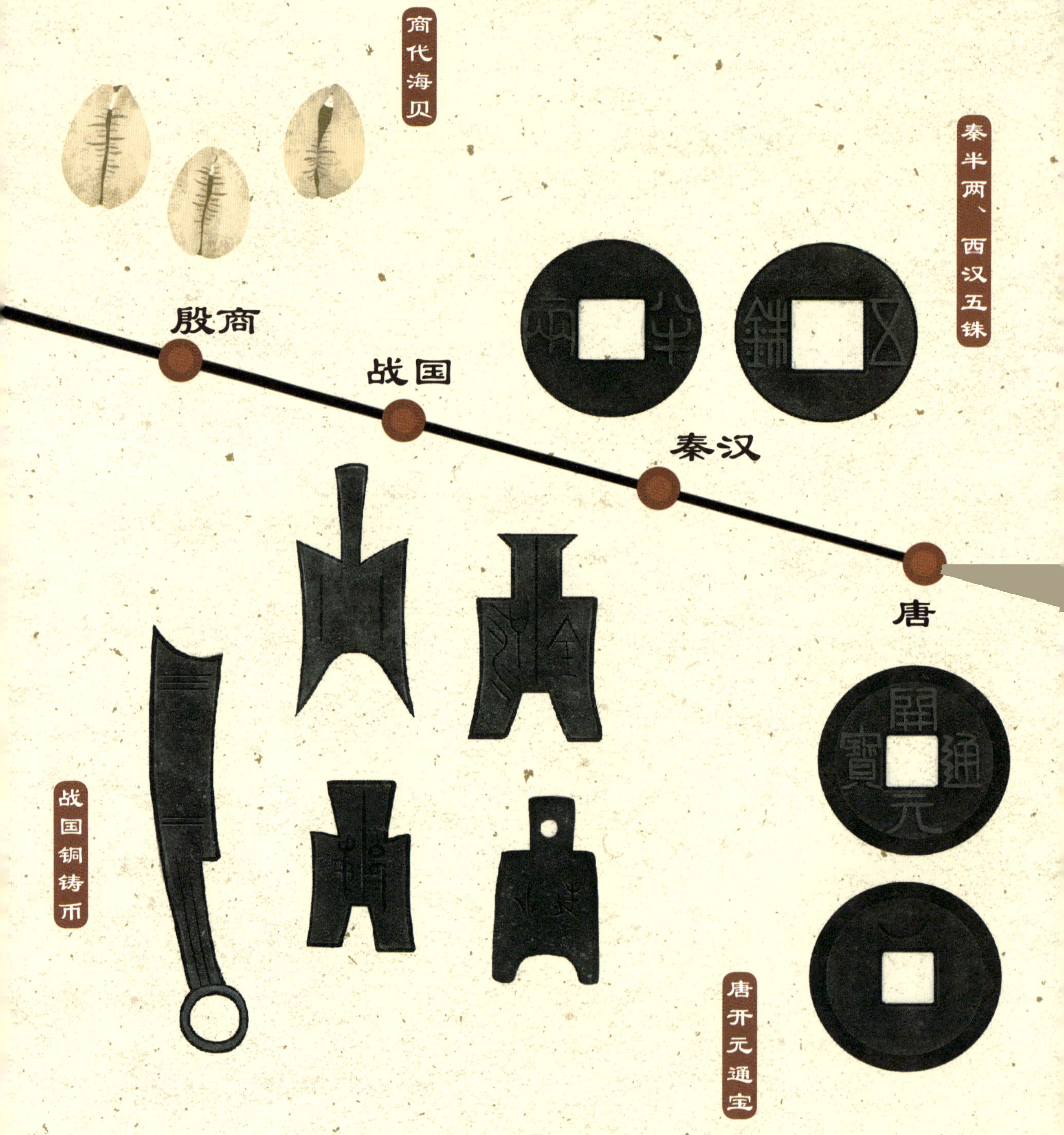
商代海贝
秦半两、西汉五铢
殷商
战国
秦汉
唐
战国铜铸币
唐开元通宝
開元通寶

商贾

商贾，商人的统称。“天下熙熙，皆为利来；天下攘攘，皆为利往”，司马迁在《史记·货殖列传》中的这句有关商贾的名言千古流传。

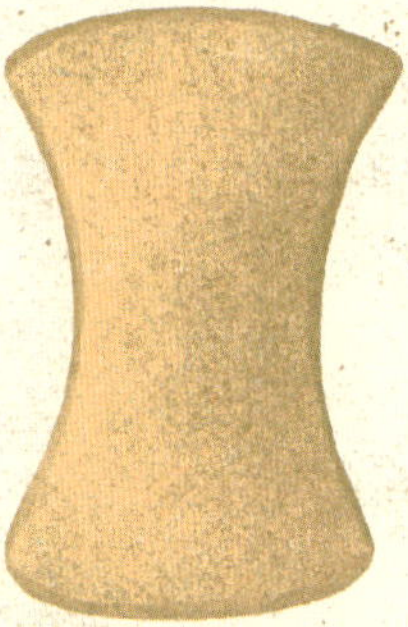

宋元通宝、金铤

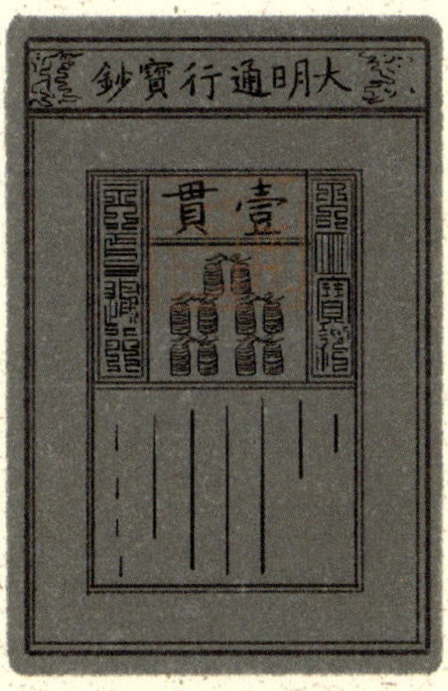

明大明通行宝钞（壹贯）

宋 元 明 清

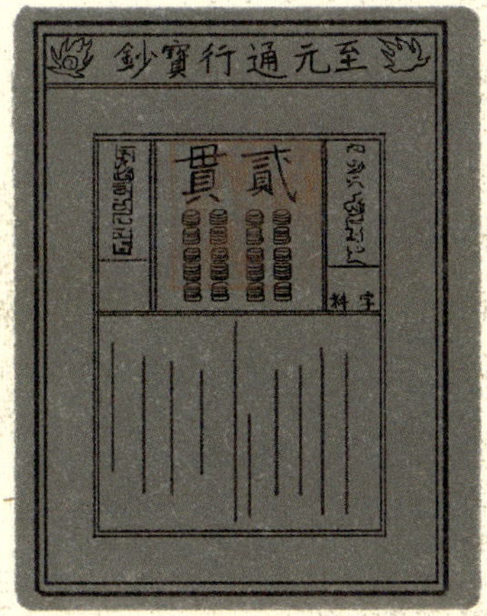

元至元通行宝钞（贰贯）

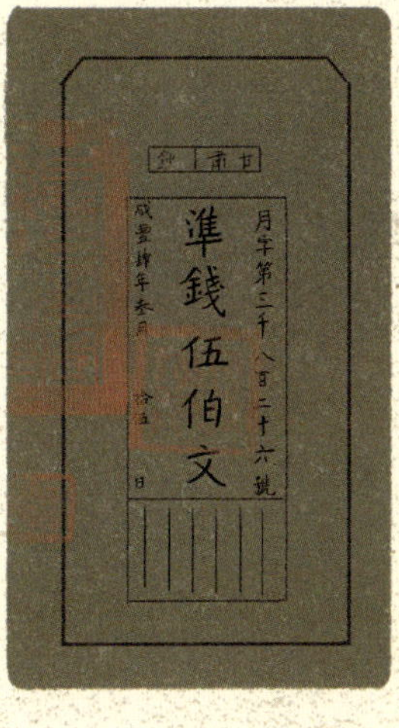

清甘肃司钞伍佰文

郑人买履

战国时期，郑国有一个农夫，是个远近有名的“一根筋”。他表面上看起来一板一眼，实际上做事非常固执不会变通，是个胡子不太长，笑话却有一大堆的人。

这个农夫的鞋子穿破了，想买一双新鞋。当时从事商品交换的“市”，一般都设在城和邑里，市的四周有“市门”，设一名“市长”管理。市内按商品归类设有各种铺子，如金铺、珠宝铺、玉器铺、皮货铺、粮铺、绸铺、盐铺、药铺、鞋铺等。交易时间主要在上午，过午散市，傍晚闭市。那天，天不亮农夫就从炕上爬起来，认认真真地用绳子量好了脚的尺寸。可他带着钱动身去市的时候，却忘记带上量好尺码的小绳。

赶往邑的路既坎坷又漫长，等到农夫气喘吁吁地走到邑，已经开市了。在鞋铺里，就在准备挑选合适的鞋子时，他却十分懊丧地说：“糟糕，我忘记带尺码了。”于是，他急匆匆地返回家去拿尺码。

一去一回，就是几十里地。一路上，他又累又饿，汗流浃背。当他好不容易从家里赶回来，太阳即将落山，市已经关闭了，鞋子最终也没有买到。望着紧闭的市门，他一边擦汗，一边叹气说：“真倒霉，看来只能等到明天再来买鞋了！”

事后，有人奇怪地问他：“你怎么不用自己的脚试一试鞋子呢？”他说：“我宁愿相信量出来的尺码，也不能相信自己的脚啊！”

方足布（涅金）

齐刀

方足布（戈邑）

空首尖足大布

异形布

古代货币的发展史

- **商代**
  海贝
- **周代**
  铜质铸币（布币、刀币、蚁鼻钱）
- **秦**
  秦半两
- **两汉、魏晋**
  五铢钱
- **唐**
  开元通宝及其他通宝
- **两宋**
  出现纸币交子、会子
- **金元**
  中统钞（纸币）
- **明**
  大明宝钞、白银
- **清**
  铜币、银币共存

原文

郑人有欲置履者，先自度其足而置之其坐，至之市，而忘操之，已得履，乃曰："吾忘持度。"反归取之，及市，市罢，遂不得履。人曰："何不试之以足？"曰："宁信度，无自信也。"

——《韩非子·外储说左上》

译文

郑国有个人打算买鞋，先量好了自己脚的尺码，然后把它放在家里的座椅上，去集市的时候却忘了带。鞋子拿到手里才想起来，他说："我忘记拿尺码了。"于是返回家里去拿。等到再返回集市时，集市已经散了，结果没有买到鞋。有人说："为什么不用脚试试？"他说："我宁愿相信量出来的尺码，也不能相信自己的脚。"

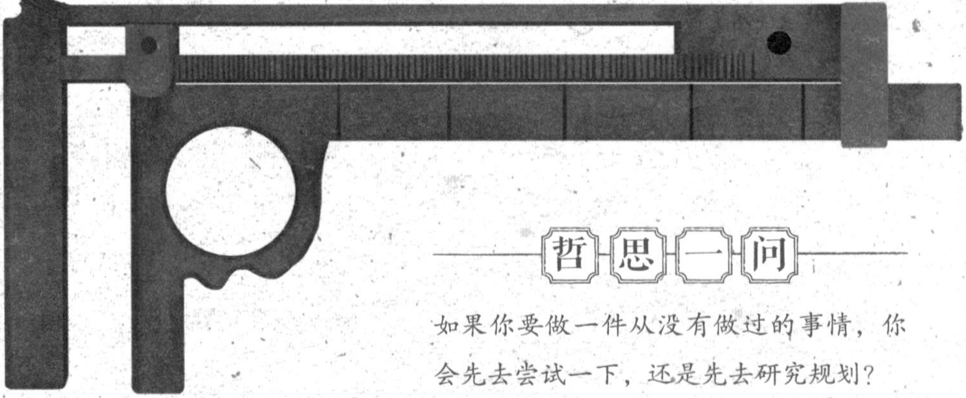

哲思一问

如果你要做一件从没有做过的事情，你会先去尝试一下，还是先去研究规划？

韩非与《韩非子》

《韩非子》原名《韩子》，由战国学者韩非创作。唐宋以后，为了与唐代学者韩愈的著作相区分，改称《韩非子》。本书共20卷，55篇。它从形象生动的寓言故事切入，提出了一整套“法”“术”“势”并用的法治主张。本书理论的核心是中央集权，也就是把政治权力集中于中央政府，在中央政府又把政治权力集中于皇帝一人。书中有大量的名篇，语言犀利，逻辑性强，是一部影响深远、脍炙人口的政治理论专著。

韩非是韩国的公子，荀子的学生，战国时期法家的集大成者。“自相矛盾”“滥竽充数”“三人成虎”“讳疾忌医”“唇亡齿寒”“吹毛求疵”“华而不实”这些成语都和他有关。

战国印章

先秦时期，印章就开始成为权力的凭证和象征，有了官印、私印的区分。秦代之后，官印与政治权力的联系更加紧密，只有帝王印章才可以称为玺，是国家政权的信物。

商贾

賈：贾的意思是交易，做买卖。不管是卖出商品还是买来物品，都可以称之为贾。

最初，商、贾是两个概念，有行商坐贾的说法。商人，特指走街串巷做买卖的人；贾人，特指有固定买卖场所的人。后来，商贾统称商人，指从事商品贸易、设肆售货的人。

西周时期，商业隶属于官府管理。春秋战国时期，官商合一的格局被打破，中原地区出现了不少富可敌国的商人，如范蠡、子贡、吕不韦等。

秦代之后，由于中国长期处于中央集权的专制社会，土地和人口是当时最重要的资源，所以历代统治者一直坚持“重农抑商”的政策，盐、铁、酒、茶、矾、香等商品由官方专卖，商人的发展空间有限，社会地位也不高。汉朝还规定，商人子弟不得做官。

各个朝代的市场规则不尽相同。唐朝的市，午时开市，傍晚收市；都城长安甚至设有两个市场，西市商品以国际化、大众化商品为主，外国商人很多；东市商品以奢侈品为主，中国商人居多。宋朝设有三级市场，一是在京城设立的市场——城市，包括以酒楼为中心的街市、以娱乐场所为中心的瓦市、以寺庙为中心的庙市，京城汴京没有宵禁，还设有夜市；二是镇一级的固定交易场所——市镇；三是农村自发形成的集市——草市（墟市）。

国宝小档案

名　　称	“齐返邦大刀”铜刀币
所属年代	战国
所属博物馆	中国国家博物馆
出土地点	无
文物综述	刀币是战国时期齐国流通使用的货币，也被称为齐刀。到战国时期，随着齐国的国力昌盛，刀币也开始在其他地区通行。一般刀币上会铸有文字，这一枚齐刀币铸有六字篆文，是刀币中特有的纪念币。据学者考据研究，币面第二个字的意思为“返”，即收复的意思。由此推断，很有可能刀币铭文记录的是安平君田单帮助齐襄王复国收回领土的历史事件。

节日

王维《九月九日忆山东兄弟》写道："独在异乡为异客，每逢佳节倍思亲。"无论是一千多年前的唐人，还是如今的国人，节日都是中华儿女的情感寄托和纽带。

屈原投江

屈原出生在贵族家庭，明了治乱之策，擅长外交辞令，楚怀王非常信任他。楚怀王身边的小人很是嫉妒，一再诋毁屈原，导致他被罢黜左徒之官，任三闾大夫之职，成为掌管宗社祭祀的闲人。后来他两次被放逐，第一次被放逐到汉北，任务是掌管狩猎区的林木鸟兽，地位还不如《西游记》中的弼马温。

当时，秦昭王以与楚国通婚为名，邀请楚怀王在秦国武关会晤。这是一个连孩子都能看清的“阳谋”，秦昭王很大可能把楚怀王扣为人质。楚怀王想去，屈原说：“秦国是虎狼一样的国家，绝不可以信任，不能去！”然而，楚怀王的小儿子子兰跳了出来，他问父亲：“为什么要断绝和秦国的友好关系？！”结果，楚怀王一到武关就被当成“人质”，最终客死异乡。

接下来，楚顷襄王继位，任命他的弟弟——导致楚怀王被俘的子兰担任令尹。更可气的是，楚顷襄王沿袭已经碰得头破血流的亲秦政策。为此，屈原一而再、再而三地提出异议。楚顷襄王开始厌倦他，过去的同盟者也疏远了他，子兰又让上官大夫诋毁他，年过五十的屈原被第二次流放，地点是遥远的洞庭湖畔。

多年后的一个五月五日，62 岁的屈原来到汨罗江畔，披头散发，面色憔悴，身体干瘦。渔父看见他，便问：“您不是三闾大夫吗？为什么来到这里？”屈原回答：“举世皆醉唯我独醒，举世皆浊唯我独清，因此遭到放逐。”渔父说：“世人都混浊，您为什么不随流扬波呢？众人都醉了，您为什么不喝点薄酒呢？为什么要坚守美玉般的节操，自取屈辱呢？”屈原说：“我听说，刚洗过头的人，一定要掸掉帽子上的灰尘；刚洗过澡的人，一定要抖去衣服上的灰尘。高尚的人，怎能让高洁的身躯蒙受世俗的污垢？我宁肯投入江心葬身鱼腹，也不能让自己高洁的品德蒙受世俗灰尘的玷污！”随后，屈原怀抱石头，跳进了波涛翻滚的汨罗江。

屈原死后，楚国再也没有文人敢于直谏，楚国领土一天天缩小，几十年后被秦国灭亡。

屈原投江而死，让楚国民众异常悲痛。每到农历五月五日，人们就把装满米饭的竹筒投入江水来祭奠他，还会划着小船到江中拯救他。后来，前一个习俗演变为吃粽子，后一个习俗演变为赛龙舟。

这就是传统节日端午节的来历。

屈原：名平，字原，出生在楚国贵族家庭，他明了治乱之策，擅长外交辞令，曾被楚怀王任命为左徒。

原文

“离骚”者，犹离忧也。夫天者，人之始也；父母者，人之本也。人穷则反本，故劳苦倦极，未尝不呼天也；疾痛惨怛，未尝不呼父母也。屈平正道直行，竭忠尽智，以事其君，谗人间之，可谓穷矣。信而见疑，忠而被谤，能无怨乎？屈平之作《离骚》，盖自怨生也。

——《史记·屈原贾生列传》

译文

“离骚”的意思就是遭受忧患。上天是人的来源；父母是人的根本。人陷入困境就追念根本，所以极其辛劳困倦的时候，没有不呼喊天的；有了疾病苦痛的时候，没有不呼喊父母的。屈原行为正直，忠心耿耿地竭尽自己的智慧去侍奉君王，善于挑拨的小人却来离间他与君王，他真是遇到困境了。诚信却被猜疑，忠厚却被诽谤，能没有怨恨吗？屈原写《离骚》，原因大概还是心中有所怨恨。

哲思一问

如果你做了正确的事情反而遭到批评，你会怎样想？

《楚辞》

《楚辞》是一部先秦时期的诗歌总集，由西汉的刘向编辑整理而成。这部诗集共收入17篇作品，其中以屈原的诗歌为主体，收入《离骚》《九歌》《天问》《九章》《远游》《卜居》《招魂》《渔父》8篇。其余作品，分别出自宋玉、贾谊、淮南小山、严忌、东方朔、王褒、刘向、王逸之手，有的为追思屈原而写，有的仿照屈原诗的艺术风格而写。

后代学者一般把楚辞称为赋，但楚辞与汉赋不同，它是《诗经》以后出现的一种新诗体，突破了《诗经》的四言形式，以六言、五言为典型句式，还普遍采用了“兮”这一语气词，体裁更加自由，更具表现力。《诗经》以“国风”影响最突出，《楚辞》因为最具代表性的“离骚”而被称为“骚体”，所以后世又把诗歌称为“风骚”。

节日

节：节的本意是竹节，就是竹子分枝长叶的部位。后来引申指事物的分节、分段，再引申出节日、时节这些意思。

这里所说的节日，是指依据农历确定的传统节日。

最早的节日，始于古代历法中的“二十四节气”，它是中国农耕文明的产物，被誉为古代中国的第五大发明。其中的“节”，是指一年中的节令；其中的“气”，是指一年中的气候。先有四时，即春分、夏至、秋分、冬至；然后有了时间起点“立”，即立春、立夏、立秋、立冬。再后来，古人根据太阳在黄道（即从地球上看太阳于一年内在天球上运行的轨迹）上的位置，将一年分为二十四节气，并在此基础上发展出了传统农事节日。

定节日的其中一个标准，是月的朔望圆缺。朔日是每个月的初一，又称“元日”，正月的朔日称“元旦”，是农历新年的开始。望日，是月亮圆的那一天，一年中的第一个望日，就是“元宵节”。

古代对天的信仰，也是形成节日的一大原因。古人祭拜牛郎织女星，有了七夕节（又叫乞巧节）；祭拜月神，有了中秋节；纪念介之推，有了寒食节；祭奠屈原，有了端午节；在九月九日“阳数”重叠的吉祥日子登高谢天、祭祖、求寿，有了重阳节；在春回大地的时节举行祭祖、扫墓大礼，有了清明节；在一年开始的日子举行祈岁祭祀，祈求新一年顺遂，有了春节。

国宝小档案

名　　称	五彩张天师斩五毒纹小盘
所属年代	明代
所属博物馆	北京故宫博物院
出土地点	无
文物综述	这件五彩张天师斩五毒纹小盘，是明代万历年间景德镇御窑厂专门为皇室烧制的端午节专用瓷器。中国民间认为五月万物苏醒，毒虫滋生，人们就在端午节时用挂艾草、熏雄黄等方法来驱除五毒。这件瓷盘外壁绘有相间排列的菖蒲叶、折枝石榴花、艾草等，间绘以蛇、蝎、蟾蜍、蜈蚣、壁虎等五毒。盘中间的张天师挥舞宝剑斩杀毒虫，以保佑平安健康。

诗歌

春秋战国时期的学者们将古代诗歌汇编成册，为后人留下了《诗经》《楚辞》等先秦诗词著作，这些典籍不仅承载了文学之美，更呈现了璀璨的中华文明。

采　薇

在周朝，据说有一位名叫李昌的士兵，他被征召去边疆抵御猃狁（xiǎn yǔn）的侵扰。李昌是个孝顺的儿子，也是一位刚结婚不久的丈夫。当他被征召时，他的妻子刚刚怀孕，他的父母也年迈多病。李昌心里充满了不舍，但为了国家，他还是毅然决然地踏上

了战场。

在边疆，李昌和他的战友们日夜奋战，应对着艰苦的环境和残酷的战斗。他们经常因为缺乏粮食而不得不采摘野生的薇菜来充饥。每当采摘野菜果腹时，李昌总是想起家乡的温暖，但残酷现实总是无情地将他拉回到血腥的战场。

随着时间的流逝，薇菜逐渐长大，李昌的思乡之情也愈发强烈。他常常在夜晚望着星空，想象着远方家乡的景象。但战事频繁，他无法回家，只能在战场上继续奋战。十月的寒风中，薇菜已经成熟，李昌的心中充满了对家的渴望。但王室的征召仍在继续，他无法脱身。在这漫长的战争中，李昌的心逐渐被痛苦和无奈填满，他开始怀疑自己是否还能有机会回到心中那个温暖的地方。

战车驰骋，战马嘶鸣，李昌和他的战友们在战场上勇敢地战斗。每一次的胜利都让他们离家更远，每一次的战斗都让他们的心更加沉重。终于，战争结束了，李昌带着满身的伤痕和沉重的心情踏上了回家的路。道路艰险，风雪交加，但他的心中只有一个念头：回家。

当他终于到达家门时，已是两年后的一个冬日。家乡的景象依旧，他的家人看到他，既惊喜又心痛。李昌紧紧拥抱着他们，泪水在眼眶中打转。他知道，尽管战争带给他无尽的痛苦和失落，但温暖的家永远是他最坚强的后盾。

原文

驾彼四牡，四牡骙骙。君子所依，小人所腓。四牡翼翼，象弭鱼服。岂不日戒，猃狁孔棘！

昔我往矣，杨柳依依；今我来思，雨雪霏霏。行道迟迟，载渴载饥。我心伤悲，莫知我哀！

——《诗经·采薇》

译文

驾起四匹大公马，马儿雄骏高又大。将军威武倚车而立，兵士掩护也靠它们。四匹马儿多齐整，鱼皮箭袋雕弓挂。哪有一天不戒备，军情紧急不卸甲！

回想当初出征时，杨柳依依随风吹；如今回来路途中，大雪纷纷满天飞。道路泥泞难行走，又渴又饥真劳累。满心伤感满腔悲，我的哀痛谁体会！

哲思一问

大家觉得一首诗歌是情感重要，还是思想重要呢？

《小雅》与《大雅》

《诗经》分为《风》《雅》《颂》三部分。

“雅”是“夏”的假借字，“夏”是西周王畿（jī）（周天子直属地区）的旧称，是西周贵族的聚居地，是当时的政治文化中心。“雅言”，指在王畿方言基础上形成的官方话。在王畿地区流行的“雅”曲，也就成了正宗的乐歌。《诗经》中的《雅》，包括《小雅》74 篇、《大雅》31 篇，是配有“雅”曲的唱词。《大雅》是王室贵族的作品，《小雅》是各诸侯国贵族的作品，只有小部分来自民间。这首《采薇》，就出自一位普通士卒之口。

在古训中，雅为正，用来叙述王朝兴替，是与“夷俗邪音”不同的正声。后人诟病一些民间文学“不登大雅之堂”，就源于此。

詩：诗是用文字和节奏韵律表达心志的一种文学体裁。藏在心里的是志，通过言语表达出来就成了诗。

先秦诗歌

先秦诗歌中，最有代表性的是《诗经》和《楚辞》。

《诗经》是我国最古老的一部诗歌总集，共305篇，是西周初年到春秋末年的诗歌选录。它本来称《诗》《诗三百》《三百篇》，到了汉武帝时期被奉为儒家经典，从此称《诗经》。其中的《风》，是周朝乐师到各地采集的地方乐曲；《雅》，是西周王畿流行的乐曲；《颂》，是用于宗庙祭祀的乐歌。从中国诗歌的发展历程来看，《诗经》是中国文学的源头。从诗歌的表现手法来看，《诗经》有“赋”“比”“兴”三种主要手法，赋是直接铺陈，比是譬喻和比拟，兴是先言他物，以引起所咏之词。从诗歌的思想品位来看，《诗经》创造了朴素、健康、积极、乐观的美学风尚。难怪孔子教育儿子鲤说：“不学诗，无以言。”意思是，不学《诗三百》，就不懂得如何讲话。

《楚辞》全书以屈原作品为主，其余各篇也是承袭其作品形式。因为运用了楚地的文学样式、方言声韵，涉及了楚地的风土物产等，具有浓厚的楚文化色彩，故名《楚辞》。它对中国的四大文学体裁——诗歌、小说、散文、戏剧，皆有不同程度的影响。《楚辞》不仅在形式上打破了《诗经》体式，内容上丰富了诗歌的领域，还在诗坛开创了浪漫主义的诗风传统。郑振铎曾这样形容楚辞的影响：“像水银泻地，像丽日当空，像春天之于花卉，像火炬之于黑暗的无星之夜，永远在启发着、激励着无数的后代的作家们。”

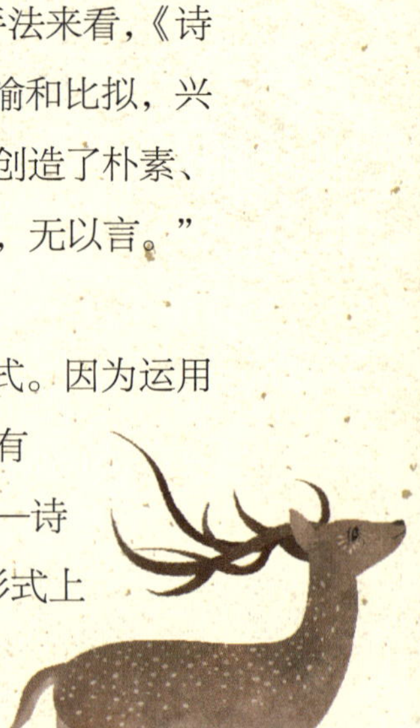

国宝小档案

名　　称	鲁诗铭文重列式神兽镜
所属年代	东汉
所属博物馆	武汉博物馆
出土地点	未详
文物综述	东汉时期的鲁诗铭文重列式神兽镜，是铜镜发展鼎盛时期的代表作。其最大特色是镜缘铸有隶书铭文，经金石学家罗福颐考证，确认为珍贵的“鲁诗”文本，已失传多年，现被列为国家一级文物。这面铜镜不仅是古代生活用具，更是文化传承的载体，让我们得以窥见古人的审美情趣和文化自信。

音乐

《礼记·乐记》："乐者，音之所由生也。"对于古代中国人来说，乐与礼密不可分，礼乐作为文明的象征，一直在中华文明中具有崇高的地位。孔子在《论语·季氏》中也说道："天下有道，则礼乐征伐自天子出。"

知音

伯牙和钟子期，都生活在春秋时期。相传伯牙曾经担任晋国大夫，非常善于弹琴。而钟子期是楚国普通的砍柴人，非常善于倾听。

两个人能够偶遇，还要感谢一次出使。

当时，晋国大夫伯牙奉命出使楚国。中秋节那天，伯牙坐着使船来到汉江口。因为雨大浪急，使船被迫停泊在一座小山下。

到了晚上，云开月出，一轮圆月挂在中天，迷蒙的月光笼罩着汉江两岸，把天地衬托得美妙绝伦。伯牙不免为眼前的美景深深陶醉，于是雅兴大发，他一边赏月，一边情不自禁地取出古琴，专心致志地弹奏起来。

上山砍柴的钟子期因为躲雨，恰好也在附近。钟子期被优美的琴声吸引过来，静静地坐在一旁欣赏，听到动情处，他不由自主地发出了一声赞叹。

沉醉在弹琴中伯牙，听到有人赞叹，方才发现旁边坐了一个头戴斗笠、身披蓑衣、腰别斧头的人。伯牙赶忙起身，和对方打招呼，并问："您是谁？能听懂我弹的曲子吗？"那人回答："我叫钟子期，是一个砍柴人，因为被您动听的琴声所吸引，才赶过来。"

伯牙听了，非常高兴，便决定再弹两首曲子给钟子期听。伯牙心中想到了巍峨的高山，便信手拨动琴弦，钟子期说："这曲子太好了！就像巍巍的泰山屹立在我面前。”又一会儿，伯牙看到滚滚的流水，便继续拨动琴弦，钟子期说：“这曲子太妙了！宛如浩荡的长江从我心中流过。”无论伯牙想到什么，钟子期都能准确地说出琴声所传达的意境。于是，伯牙深有感触地说：“我弹的琴瞒不过你，你的心与我的心是相通的，你真是我的知音啊！”

后来，钟子期因病去世。伯牙听说后，十分悲痛与失落，他认为世上再也找不到知音了，于是摔坏了自己的古琴，弄断了琴弦，终生不再弹琴。这就是“伯牙绝弦”的故事。

高山流水：后人用高山流水比喻乐曲的高妙或知音难觅。

古代著名音乐家及作品

- **春秋**
  伯牙
  《高山流水》
- **秦汉**
  蔡邕
  《琴操》
- **三国**
  嵇康
  《嵇氏四弄》
- **唐代**
  李隆基
  《霓裳羽衣曲》
- **宋金时期**
  董解元
  《西厢记诸宫调》
- **明代**
  朱载堉
  《乐律全书》

原文

伯牙善鼓琴，钟子期善听。伯牙鼓琴，志在高山。钟子期曰："善哉，峨峨兮若泰山！"志在流水，曰："善哉，洋洋兮若江河！"伯牙所念，钟子期必得之。

——《列子·汤问》

译文

伯牙善于弹琴，钟子期善于聆听。伯牙弹琴，内心向往着高山。钟子期便说："好啊！巍峨雄壮如同泰山耸立！"（伯牙）内心向往着流水，钟子期便说："好啊！汪洋恣肆如同江河奔流！"只要是伯牙心中所念，钟子期必定能够领会。

哲思一问

大家觉得朋友越多越好，还是有一二知己就够了呢？

《列子》

《列子》，又叫《列子新书》，是一部道家著作，也是一部哲学著作。本书从宇宙生成说起，通过对生死、养生、治世等问题的讨论，阐明了人生哲学：安命顺时和及时行乐。《列子》中有许多小说、故事，如《黄帝》《周穆王》《仲尼》；还有大量寓言神话，如《两小儿辩日》《杞人忧天》《愚公移山》《夸父逐日》。这些故事形象鲜明，寓意深刻，妙趣横生，发人深思，富有浪漫主义情调，具有较高的思想价值和文学造诣，堪称古代小说和散文的杰作。

《列子》的作者，列氏，名御寇，字云，尊称列子，战国时期郑国人。先秦道家的创始人是老子，发展者是列子，集大成者是庄子，列子是介于老子和庄子之间的承前启后的道家代表人物。他的额外贡献是，最早提出了宇宙生成四阶段理论，开创了融寓言、哲理为一体的先秦文风。

音乐

樂：乐是五声、八音的总称，五声是宫、商、角、徵、羽五个音阶。八音指丝、竹、金、石、匏（páo）、土、革、木八类乐器。

中国民族音乐的蒙昧时期，可以追溯到新石器时期。在河南贾湖遗址中，发现了8000年前用兽骨做的孔骨笛；在半坡遗址中，发现了新石器时期的陶埙（xūn）。

商代，已有鼓、钟、磬（qìng）、缶（fǒu）、埙、籥（yuè）等乐器。周朝，设有专门的乐师。春秋战国时期，出现了编磬、琴、瑟、篪（chí）、笙等乐器，湖北随县出土的曾侯乙墓编钟，音域达5个8度，具备12个半音。那个时期的音乐以五声音阶为主，五音中的宫、商、角（jiǎo）、徵（zhǐ）、羽，分别对应西方音乐中的“哆、来、咪、索、拉”。今天流行的古曲《茉莉花》就只有“哆、来、咪、索、拉”五个音阶。

汉代朝廷建立了专门搜集、编制音乐的乐府。三国两晋南北朝时期，外族音乐流入中国。而中国音乐的巅峰时期，却是隋唐。唐朝建立了专门的音乐机构大乐署、鼓吹署、教坊和梨园，涌现了李龟年、许和子、康昆仑、裴兴奴等一批音乐家。宋代，最有名的民间音乐娱乐场所是勾栏。元代，揭露社会现实的元杂剧迅速发展起来。明清两代，海盐、弋阳、余姚、昆山四大戏曲声腔逐渐兴起，其中的昆山腔经魏良辅等人加工改造，很快就风靡大江南北，汤显祖的《牡丹亭》、洪昇的《长生殿》、孔尚任的《桃花扇》都是昆曲中流传广泛的优秀作品。

国宝小档案

名　　称	击鼓说唱俑
所属年代	东汉
所属博物馆	中国国家博物馆
出土地点	四川省成都市天回山
文物综述	东汉的击鼓说唱俑是一件反映当时文化特色的陶艺品。这尊陶俑头戴花饰帻，赤脚站立，形象既真实又带有戏剧性。俑的左手紧抱一扁鼓，右手挥槌欲击，嘴角上扬。生动的姿态和面部表情，让我们仿佛听到了那古老时代的笑声和鼓声。它告诉我们，那时的人们喜欢在宴会中欣赏俳优的即兴表演，享受着那个时代特有的幽默和欢乐。

唐诗

清康熙年间刊印的《全唐诗》一共收录了 48900 多首唐诗，流派丰富多彩，内容包罗万象。由此可见，写诗已经成了唐代人的生活方式之一。诗词的盛世又何尝不是大唐盛世的一个缩影呢？

居大不易

一千多年前，无论你站在中国哪条道路上，只要你不停地向前走，最终都会到达一座伟大的城市——大唐都城长安，因此就有了“条条大路通长安”的说法。那时的长安，是世界上最大的城市，也是全天下诗人云集的地方，被称为“诗歌之都”。

公元 787 年，一个 16 岁的书生来到长安参加科举考试。当时的唐朝科举制开了一个“大后门”，允许权贵公卿向主考官推荐录取人选，这个做法叫“公荐”。往往在考试之前，录取名单和名次就预定好了，科举考试就变成了“走过场”。因为自己没有什么名气，这个书生就带上诗稿前去拜访名士顾况，让他做公荐人。

顾况看到诗稿上“白居易”的名字，便调侃作者说：“长安米正贵，恐怕白居不易呀！”言下之意是，长安这个大地方，很难有小人物的容身之地。等到他随手翻开书稿，读到“离离原上草，一岁一枯荣；野火烧不尽，春风吹又生”时，立刻拍案而起，连声叫好，说：“能把诗句写到这个程度，白居有什么难的？！老夫刚才的话是开玩笑啊。”有顾况的推介，白居易的诗名很快就传开了。

后来，白居易的诗作越来越多，官越当越大，名气也越来越高，以至于被戴上了“诗魔”的高帽子，与李白、杜甫一起并称“唐代三大诗人”。他的诗用词优美，平易流畅，音调和顺，非常适合朗读、背诵甚至歌唱，所以深受当时的人们和后世文学爱好者喜爱。

白居易：字乐天，自号香山居士，唐朝著名诗人。他的代表作是长诗《长恨歌》和《琵琶行》。

《问刘十九》

“绿蚁新醅酒，红泥小火炉。
晚来天欲雪，能饮一杯无？”

白居易擅长用这样平易浅显的文字描绘日常生活的美，留给人们无尽的遐想。

唐朝诗人的友情

- **杜甫**
  李白
  《赠李白》
- **白居易**
  刘禹锡
  《醉赠刘二十八使君》
- **元稹**
  白居易
  《得乐天书》
- **孟浩然**
  王维
  《留别王维》
- **王昌龄**
  岑参
  《留别岑参兄弟》
- **李白**
  孟浩然
  《赠孟浩然》

原文

乐天初举，名未振，以歌诗投顾况，况戏之曰："长安物贵，居大不易。"及读至原上草云："野火烧不尽，春风吹又生。"曰："有句如此，居亦何难？老夫前言戏之耳！"

——《幽闲鼓吹·居大不易》

译文

白居易刚考进士，没有什么名气，用歌和诗投送顾况。顾况戏弄他说："长安物价很高的，居住在这里很不容易。"读到《赋得古原草送别》一诗，其中一句是："野火烧不尽，春风吹又生。"顾况说："能写出这样的句子，居住在这里又有什么难的？我前面的话只是开玩笑罢了！"

哲思一问

大家觉得是能力重要，还是志向和品德重要？

《幽闲鼓吹》

这是一本记录唐朝晚期朝野奇闻怪事的小说集。里面的故事，篇幅不大，曲折不多，但多数都很珍贵。譬如宰相裴休请求册立太子，唐宣宗说"若立储君，便是闲人"，一句话道破了皇帝和太子间的政治矛盾；李德裕担任淮南节度使时，贿赂赴京任枢密使的杨钦义而得以拜相；安禄山叛乱前，各位将领拿出地图布置战略等，都有一定的历史价值。书中还记录了白居易、刘禹锡、韩愈、李德裕、元载、牛僧孺等名臣的轶闻，内容可信，脍炙人口。其中关于顾况推介白居易、韩愈赞扬李贺诗作的传奇故事，多赖《幽闲鼓吹》而流传千古。

此书的作者张固，清河人（今属河北），生活在晚唐时期，曾任金部郎中、桂管观察使，在不缺才华横溢之人的唐朝并没有多少名气，只留下了《幽闲鼓吹》一部作品。

律：律是普遍施行的规律，律应用于诗词称为『诗律』，是人们作诗的准则。

唐诗

唐代，是中国古代诗歌史上最辉煌的时期。仅《全唐诗》就收入了 2 200 多名诗人的近 50 000 首诗歌。

从写作内容看，唐诗几乎深入到唐朝的每个领域，大到国家兴衰、战争胜负、民生疾苦，小到自然田园、琴棋书画、鸟兽虫鱼。从风格流派看，既有李白的飘逸、杜甫的沉郁，还有以孟浩然、王维为代表的田园诗派，以高适、岑参、王之涣为代表的边塞诗派，以平易通俗著称的元白（元稹、白居易）诗派等。

唐诗要求音调合乎平仄声的规律。如五言的出句为“平平平仄仄”的话，对句就需要是“仄仄仄平平”。与此相关，由六朝四句小诗发展而来的五、七言绝句体，也逐渐律化，称为律绝。由于律诗和律绝具有整齐有序的节奏、抑扬顿挫的声调，所以读起来朗朗上口，带有音韵之美。

初唐是唐诗的开创时期。代表人物是唐初“四杰”：王勃、杨炯、卢照邻、骆宾王。盛唐是唐诗的繁荣昌盛期。律诗已走向成熟，达到诗歌史上的最高水平，现实主义诗歌代表人物杜甫、浪漫主义诗歌代表人物李白成为中国古典诗歌的两座高峰。中唐是唐诗的繁衍期。影响最大的流派是以白居易、元稹为首的元白诗派，在他们的倡议下，李绅、张籍、王建等人参与并推动了新乐府运动。晚唐是唐诗衰落期。李商隐、杜牧犹如唐末两片灿烂的晚霞，时称“小李杜”。

国宝小档案

名　　称	青釉褐彩“春水春池满”诗文壶
所属年代	唐
所属博物馆	湖南省博物馆
出土地点	1983 年出土于湖南省长沙市窑窑址
文物综述	青色的釉面上点缀着褐色的花纹，这个“春水春池满”诗文壶，是唐朝的瓷器中的一个宝贝。壶身上刻着的诗句，好像在讲述古代文人优雅的生活和他们深厚的艺术修养。壶上的五言诗：“春水春池满，春时春草生。春人饮春酒，春鸟弄春声。”从写景到写人，用八个“春”字依次描绘出春天的无限生机。句意简明，诗趣盎然。长沙窑瓷器上书有百余首通俗诗或诗句，内容丰富多彩，不仅限于山水风景的描写，还包括离愁别绪、世态炎凉、处世哲学、商贾活动、边塞征战、来往应酬等，展示了唐代社会生活的方方面面。

宋词

宋词与唐诗相比，拥有更自由的格律，以及更感性的表现。在这个时代的诗词里，山河破碎与纸醉金迷的变迁，让九天寰宇的浪漫回归了实在的人文生活。

王安石三难苏学士

宋代著名词人苏轼是宰相王安石的学生。王安石很爱惜苏轼的才能，但苏轼自恃聪明，常常嘲讽老师。

苏轼在湖州为官期满回京，前去和王安石告别。王安石白天睡觉未醒，管家让苏轼在东书房稍坐。在书房里，苏轼看见桌上有未完成的《咏菊》诗。苏轼把诗念了一遍，感觉诗中“西风昨夜过园林，吹落黄花满地金”是在胡诌。在苏轼看来，菊花深秋开花，任风霜摧残也不会凋落。于是，苏轼举笔续了一句诗：“秋

花不比春花落，说与诗人仔细吟。”写完以后，苏轼就借故离开了。王安石睡醒后看到诗稿不禁大怒，心想：苏轼依旧这么轻薄！于是密奏皇帝，说苏轼才力不足，降为黄州团练副使。

临近上任，苏轼前往拜见王安石。王安石对苏轼说：“我有个小毛病，太医说必须用瞿塘中峡水烹茶才能治疗。你如果能把中峡水带一瓮给我，治好我的小毛病就仗仰你了。”

苏轼在黄州任职期间，每天不过登山玩水，饮酒赋诗。光阴似箭，忽然到了重阳。一天，苏轼邀朋友陈季常去后园一起看菊，却只见满地铺金，枝上全无一朵。苏轼这才明白王安石的用意，便对好友说：“我平生从未见过菊花凋落，他贬我到黄州，原来是让我看菊花落瓣。”意识到错误以后，苏轼这才想去取水。苏轼雇船进入三峡，因为连日鞍马劳倦，一觉醒来时已到下峡。苏轼让水手调头。水手回应说：“三峡水如瀑布，船如箭发，调不了头啊。”苏轼问附近居民，三峡中哪一峡的水好，那人说三峡是相连的，水难分好坏。于是，苏轼只能取了下峡水来见王安石。

在东书房，也就是苏轼改诗的地方，两人见了面。王安石派人把苏轼带来的水烧开，冲了一杯茶，半晌才见茶色。王安石问：“水取自哪里？”苏轼答：“中峡。”王安石笑着说：“这分明是下峡水。”苏轼大惊，说：“三峡相连，水是一样的，学生确实是取了下峡水！但您怎么知道？”王安石说：“关于三峡水性《水经补注》记载，上峡味浓，下峡味淡，中峡在浓淡之间，刚才茶色半晌方见，所以我知道是下峡水。”接下来，王安石又出了一副对子的上联，苏轼思考多时，依然无法成对，只得谢罪而出。这便是“王安石三难苏学士”的故事。

苏轼的人生轨迹

- **出生**
  眉州眉山
- **科举考试**
  开封
- **乌台诗案被贬**
  黄州
- **官升正三品**
  开封
- **自请外调**
  惠州
- **第三次被贬**
  儋州

原文

荆公晓得东坡受了些腌臜，终惜其才。明日奏过神宗天子，复了他翰林学士之职。后人评这篇话道："以东坡天才，尚然三被荆公所屈。何况才不如东坡者！"因作诗戒世云："项托曾为孔子师，荆公反把子瞻嗤。为人第一谦虚好，学问茫茫无尽期。"

——《警世通言第三卷》

译文

王安石知道苏轼受些了气，终究还是爱惜他的才华。第二天上奏神宗皇帝，恢复了苏轼翰林学士的职位。后人读到这篇故事感叹道："以苏轼的才能，尚且三次被王安石为难，何况那些才能不如苏轼的呢！"因此作了一首诗警戒后人："项托曾经辩论赢过孔子，做了孔子的老师，王安石也讥讽了苏轼。为人处世第一是要谦虚，学海无涯没有尽头。"

哲思一问

如果你的朋友做错了事，你觉得当面指正，还是用其他方式去提醒更好呢？

《警世通言》

这是明朝末年的一本白话短篇小说集，完成于公元 1624 年。题材有的来自现实生活，有的取自前人的笔记小说，主要涉及婚姻爱情与女性命运、功名利禄与人世沧桑、奇事冤案与志怪传说，从各个角度呈现了社会百态。其中的名篇是《白娘子永镇雷峰塔》《杜十娘怒沉百宝箱》《崔待诏生死冤家》。

本书编者冯梦龙，南直隶苏州府长洲县（今江苏省苏州市），明末文学家、思想家。他出身于士大夫家庭，从小喜欢读书，但屡试不中，于是混迹于茶坊酒楼，频繁接触下层社会民众，积累了大量民间文学史料。56 岁才补为贡生，先后担任训导和知县，8 年后退休回乡，专门从事小说、戏曲、民歌、笑话等通俗文学的创作、搜集、整理、编辑。在思想上，他深受王守仁、李贽的影响，强调真挚的情感，反对虚伪的礼教，他所编辑的《喻世明言》《警世通言》《醒世恒言》合称“三言”，都是雅俗共赏、读者众多的白话短篇小说。

宋词

詞：词本意是将内心所想的外化表达，后特指一种古代文体，词起于唐代，盛于宋代，因而常称『宋词』。

争胜，是人的本能。宋人既然写诗比不过唐人，就只能另辟蹊径，去作词了。

词，最初是适应古代乐曲歌唱的需要而产生的，它是“依声”填制的歌词，后来发展成一种诗体。因为词是用来唱的，所以又称曲子词；因为词是从诗歌发展来的，所以又称诗余；因为词的句子长短不一，所以还称长短句。词一般以乐曲名称作为词牌名。词与诗相比，更具节奏感、起伏感和音韵美。

一说到词，大家会立刻与宋朝联系起来。其实，词在宋朝以前就有了。相传李白写有《菩萨蛮》和《忆秦娥》，是后代词曲之祖。中晚唐时期，很多文人都写过词，如白居易写过《忆江南》，张志和写过《渔歌子》，当时因为写词还出现了一个“花间派”。五代时期，南唐后主李煜的词最有名。

宋朝相对宽容的社会环境和标新立异的文化氛围，把词的创作推向了极盛，使得宋词成为与唐诗比肩的文学样式。宋朝词人以文风分为豪放与婉约两大派，豪放派词的特点是视野广阔，直抒胸臆，有一种大江东去的豪迈之气，代表人物有苏轼、陆游、辛弃疾、范仲淹等；婉约派词的内容侧重儿女情长，语言清丽，有一种柔婉之美，代表人物有柳永、晏殊、晏几道、周邦彦、李清照等。

国宝小档案

名　　称	张希黄沉香木刻东坡游赤壁图酒斗
所属年代	明
所属博物馆	北京故宫博物院
出土地点	未详
文物综述	张希黄沉香木刻东坡游赤壁图酒斗，是一件蕴含深厚文化内涵的工艺珍品。此酒斗巧夺天工，以沉香木为材，上面所雕刻的东坡游赤壁图，生动捕捉了苏东坡与友人泛舟赤壁、吟诗作赋的愉悦时光。每一笔刻痕都仿佛在诉说着宋人的闲适与诗意，每一幅场景都宛如一首流传千古的词章，让人在嗅触之间，感受到那个时代文人墨客的风雅韵味。

元曲

元曲是元杂剧和散曲的合称，更多地流传于茶楼酒肆之中。戏谑和浓情的故事里是元代读书人的放浪与无奈，戏剧舞台给了元曲更多不同于唐宋诗词的烟火人间。

长亭送别

在唐代贞元年间，河北博陵的崔相国逝世后，他的遗孀郑夫人带着女儿莺莺、侍女红娘和小童欢郎等一行人，护送相国的灵柩回乡安葬。途中，他们在河中府的普救寺暂住。此时，河南洛阳的书生张珙（张生，字君瑞）正赴长安赶考，途经河中府时，顺道拜访同窗好友白马将军，并游览普救寺。在寺中，张生偶遇莺莺，两人一见钟情。

张生为了追求莺莺，决定不再前往京城，而是在普救寺附近的西厢寓居。一天晚上，莺莺和红娘在园中烧香祷告时，张生隔墙吟诗，两人通过诗歌交流，彼此的情感更加深厚。不久，莺莺的家中遭到守桥叛将孙飞虎的围攻，孙飞虎意图强娶莺莺为压寨夫人。在这危急时刻，张生挺身而出，写信求助于白马将军杜确。杜确率兵及时赶到，解救了莺莺一家。

尽管张生立下了功劳，但莺莺的母亲郑夫人并不愿意将女儿嫁给他，只允许他们以兄妹相称。张生因此患病，莺莺深感不安。在红娘的帮助下，莺莺夜访张生，两人终于订下终身。然而，这一切被郑夫人发现，她愤怒不已，在红娘的机智应对下，最终同意将莺莺许配给张生，但有一个条件：张生必须立即上京参加科举考试，如果考不中，就不能娶莺莺。

在长亭送别的一幕中，张生准备赴京赶考，莺莺和红娘陪同他到十里长亭。在这里，他们举行了一个简单的送别宴。莺莺心情沉重，她深知这是一次不知何时能再相见的离别。在宴席上，莺莺和张生互诉衷肠，表达了对彼此深深的不舍。最终，在众人的目送下，张生踏上了前往京城的路程，而莺莺则满怀忧愁地返回普救寺。

张生最终在科举考试中取得了状元，但莺莺的表亲郑恒却造谣说张生已经成为了别人的女婿，迫使郑夫人将莺莺嫁给他。幸运的是，在白马将军的帮助下，张生揭穿了郑恒的阴谋，最终与莺莺团聚，并喜结连理。

原文

恨相见得迟，怨归去得疾。柳丝长玉骢难系。恨不倩疏林挂住斜晖。马儿迍迍的行，车儿快快的随。却告了相思回避，破题儿又早别离。听得道一声“去也”，松了金钏；遥望见十里长亭，减了玉肌。此恨谁知！

——《西厢记五剧第四本》

译文

恨相见得太迟，怨离别得太快。柳丝虽长，却难系住远行人的马，恨不能使疏林一直挂住那斜阳。张生的马慢慢地走，我和车紧紧地跟随，刚刚结束了相思之苦，却又早早开始了别离之愁。听他说：“要走了”，松掉了手上的金镯；远远地望见十里长亭，人更消瘦了；这离愁别恨有谁能理解？

哲思一问

大家觉得跟好朋友很久不联系，你们的情感会因此而疏远吗？

《西厢记》

元代杂剧《西厢记》，取材于唐代传奇小说《莺莺传》，以金代董解元的《西厢记诸宫调》为蓝本，演绎为五本二十一折的长剧，在当时的杂剧中号称“天下夺魁”，是中国戏曲史上的杰作。《西厢记》是一部体制宏伟的作品，共五本二十一折，讲述了一个完整的故事，突破了元杂剧每剧四折的传统体例，在古代杂剧中极为罕见。其饱满的情节、立体的人物和鲜明的主题，使得《西厢记》成为元杂剧中最受人喜爱的作品之一。《西厢记》的唱词极具诗意，阅读起来宛如一首首抒情诗，不仅在戏剧艺术上达到了高峰，也在中国文学史上产生了重要影响。

作者王实甫，名德信，史上找不到他做官的记载，他似乎一生都在写作，是与关汉卿齐名的杂剧作家。王实甫一生著有杂剧十四种，现存《西厢记》《丽春堂》《破窑记》三种。

元曲

曲：曲原意弯曲，读作三声的时候，意为曲调，乐曲配词演唱，所配歌词就称为曲子词，到了元代，曲子词又嬗变为元曲。

元人写诗比不过唐人，作词比不过宋人，好在，他们还有元曲。

元曲是元代的主要文学形式，是杂剧和散曲的统称。杂剧是戏曲，表演形式和剧目更加丰富；散曲是诗歌，在形式上和词相近。不过，元杂剧的成就远远超过散曲，因此也有人以元曲单指杂剧。

元曲的前身，是宋代民间流传的“街市小令”或“村坊小调”，是一种以滑稽搞笑为特点的表演形式。元代，经过戏曲家的创造，元曲逐渐成为继唐诗、宋词之后蔚为壮观的文学式样。元曲创作视野阔大宽广，人物形象丰满感人，戏曲语言通俗清新，揭露现实深刻犀利，描写爱情泼辣大胆，因而成为普通民众喜闻乐见的艺术形式。

元杂剧的奠基人是关汉卿，他一生写了 67 部杂剧；散曲成就最高的是马致远，《天净沙·秋思》被称为“秋思之祖”。元曲中的四大悲剧有关汉卿的《窦娥冤》，白朴的《梧桐雨》，马致远的《汉宫秋》，纪君祥《赵氏孤儿》；四大爱情剧有王实甫的《西厢记》，关汉卿的《拜月亭》，白朴的《墙头马上》，郑光祖的《倩女离魂》。

国宝小档案

名　　称	青花萧何月下追韩信图梅瓶
所属年代	元
所属博物馆	南京市博物馆（朝天宫）
出土地点	江苏省南京市江宁区将军山沐英墓
文物综述	这件元代的青花梅瓶就像一幅历史长卷，令人赞叹。瓶上的白色瓷土就像画布，工匠们在上面施加了如同天空般的青釉，使之显得清新脱俗。底部的土色微露，让人联想到它的自然本源。六层纹样环绕其间，瓶腹中央，有一幅“萧何月下追韩信”的故事画面，生动有趣。周边还点缀着松、竹、梅等自然元素，让这件艺术品显得更加丰富和细腻。

小说

明清两代，社会分工更加细致，职业作家、印刷工匠、图书商贩、街头艺人以及悠闲的城市居民，共同推动了小说的兴盛。

草船借箭

东汉末年，一场著名的战役在长江赤壁爆发。联军统帅是都督周瑜，诸葛亮负责协助他。周瑜嫉妒诸葛亮的才能，一直想找借口杀了他。

周瑜把将领们聚集在帐下，邀请诸葛亮前来议事。周瑜对诸葛亮说："最近将与曹军水战，如今军中正缺箭，敢烦先生监造十万支箭，以为应敌之具。"诸葛亮说："都督发话，我定当效劳。敢问十万支箭，什么时候用？"周瑜盯着对方问："十天以内？"诸葛亮答："只需三天。"周瑜说："军中无戏言。"诸葛亮回应："三天完不成，甘愿受罚。"周瑜大喜，当面立下字据，然后装模作样地设宴招待诸葛亮。

诸葛亮告辞后，周瑜对鲁肃说："只需吩咐军匠，让他们故意拖延，造箭的材料也不备齐，这样一来，必然耽误日期，那时给他定罪，他还有什么理可讲？你快去他那里探听虚实，及时回来报告。"鲁肃奉命来见诸葛亮，诸葛亮向鲁肃请求："请你借我二十只船，每只船配备三十名士兵，船上裹上黑布，各扎草把一千多个，分布在船的两侧，您一定要对周瑜保密，如果让他知道了，我的计策就失败了。"鲁肃答应了他，向周瑜回报时，果然没有提起借船的事。

鲁肃备齐了船只、士兵、黑布、草把，诸葛亮却一直没动静，到第三天夜里，诸葛亮才秘密请鲁肃一起去取箭。当天大雾漫天，对面看不见人。天亮之前，船队逼近曹操水寨。诸葛亮让把船头朝西、尾朝东一字摆开，安排士兵在船上擂鼓呐喊。曹操水寨中人听到擂鼓呐喊，慌忙飞报曹操，曹操传令：“大雾弥漫，敌军必有埋伏，不可轻举妄动，乱箭射杀即可。”一万多名弓弩手一起向江中放箭，顿时箭如雨下。一会儿，诸葛亮下令把船掉头，继续擂鼓呐喊。等到日高雾散，二十只船两边的草把已射满了箭支。诸葛亮下令收船时，还让船上的士兵齐声高喊：“谢谢曹丞相赐箭！”

鲁肃带着十万多支箭见到周瑜，详细讲述了诸葛亮借箭的经过，周瑜大惊，慨叹：“孔明（诸葛亮字孔明）神机妙算，我自愧不如啊！”

赤壁之战：东汉末年，孙权、刘备联军于公元 208 年在长江赤壁一带大破曹操大军，这是中国历史上著名的以少胜多的战役。

原文

少顷，旱寨内弓弩手亦到，约一万余人，尽皆向江中放箭，箭如雨发。孔明教把船吊回，头东尾西，逼近水寨受箭，一面擂鼓呐喊。待至日高雾散，孔明令收船急回。二十只船，两边束草上排满箭枝。孔明令各船上军士齐声叫曰："谢丞相箭！"比及曹军寨内报知曹操时，这里船轻水急，已放回二十余里，追之不及。曹操懊悔不已。

——《三国演义第四十六回》

译文

不一会儿，旱寨中一万多名弓弩手也一起赶到，都向江中放箭，顿时箭如雨下。诸葛亮命令把船调转成头东尾西，逼近水寨受箭，一面擂鼓呐喊。等到大雾将散时，诸葛亮命令收船急回，二十只船的两边草人上排满了箭支。诸葛亮让各船上军士齐声高喊："谢谢曹丞相送箭！"等到曹军水寨里的人将情况报告给曹操，诸葛亮这边船轻水急，已经撤回二十多里，无法追上。曹操只能不停地懊悔。

哲思一问

大家觉得战争中是运筹帷幄的指挥官厉害，还是勇往直前的猛将更重要？

《三国演义》

全称《三国志通俗演义》。本书是在《三国志》《全相三国志平话》和野史杂记、民间传说、宋元戏剧的基础上加工创作而成的，是我国第一部长篇章回历史小说。故事重点描写了魏、蜀、吴三国的斗争及兴衰过程。本书是历史小说中影响最大、传播最广的一部。书中塑造的刘备、关公、张飞、赵云、诸葛亮、周瑜等人物，几乎家喻户晓。书中的《桃园三结义》《三英战吕布》《三顾茅庐》《借东风》《三气周瑜》《草船借箭》等经典故事，几乎妇孺皆知。

作者罗贯中脑子活，善于创新，在创作过程中，对“话本”小说做了改进，一个故事为一回，相对独立但又前后勾连、首尾相接。每一回常以“话说”两字开篇，往往在情节铺展的紧要关头突然刹住，留下悬念，用“欲知后事如何，且听下回分解”作为结束语。他的这种表现形式，被称为“章回小说”，他也成了中国章回小说的鼻祖。

煮酒论英雄

《煮酒论英雄》是三国演义中的经典桥段，看似寻常的青梅煮酒是曹操对刘备的试探，也在不经意间预言了乱世之中的最后赢家。

說：说是喜悦的意思，说的另外一层原意是谈论。后引申代表一种古代文体。

明清小说

明清时期的文人也赋诗、作词、写曲，但这一时期成就最大的，还得是古典小说。

元末明初，在话本的基础上，长篇章回小说《三国演义》《水浒传》《西游记》横空出世，一鸣惊人。《三国演义》成为此后历史演义小说的模板。《水浒传》成功塑造了108条好汉形象，连每个人的绰号都恰如其分，根本让人分不清到底是现实还是小说。吴承恩的《西游记》，以“玄奘取经”为蓝本，成功演绎出唐僧、孙悟空、猪八戒、沙僧师徒四人到西天取经的奇幻故事，是中国第一部浪漫主义章回体长篇神魔小说。

明代中后期，小说创作进入新阶段，出现了《封神演义》《东游记》《牛郎织女传》《济公传》等神魔小说以及《春秋列国志传》《杨家府世代忠勇演义志传》等历史小说。明代后期，白话中、短篇小说呈现异彩纷呈之势。冯梦龙编写了《喻世明言》《警世通言》《醒世恒言》，凌濛初编写了《初刻拍案惊奇》《二刻拍案惊奇》，这五部作品合称“三言二拍”。

清代中前期，是中国古典小说的极盛时期。蒲松龄的《聊斋志异》，是中国文言短篇小说的巅峰之作。而影响更大的，是《儒林外史》和《红楼梦》的问世。其中曹雪芹的《红楼梦》代表了中国古典长篇小说的最高峰，当属一部世界名著。

国宝小档案

名　　称	蜀汉“景耀四年”铜弩机
所属年代	三国时期
所属博物馆	四川博物院
出土地点	具体出土地点未详，可能在四川郫县一带
文物综述	蜀汉“景耀四年”铜弩机，是三国时期军事工艺的杰出代表。这件铜弩机以其精细的铸造工艺和清晰的年号铭文，展现了蜀汉时期高超的金属加工技术和军事装备制造水平。铜质机身上“景耀四年”字样，不仅明确了其历史时期，而且反映了当时社会的军事需求和科技实力。现如今，这件铜弩机安置于四川博物院，静静诉说着蜀汉的军事智慧和久远历史。

丹青

中国古代绘画常用朱红、青色，故称画为“丹青”。《汉书·苏武传》中记载：“竹帛所载，丹青所画。”古代民间称画工为“丹青师傅”，丹青后来也泛指绘画艺术。

画龙点睛

南朝梁代有一个名人，名叫张僧繇，是吴郡吴中（今江苏苏州市）人，他文武双全，既当过右军将军、吴兴太守，又是一名画家。他善于用简练的线描概括形象，尤其擅长人物故事画、宗教画、风俗画、肖像画、山水和禽兽画，还善于画龙，是梁代首屈一指的大画家，与顾恺之、陆探微、吴道子并称画家四祖。

当时的梁武帝萧衍对佛教已经痴迷到失去理智的程度，几度放弃皇位出家。在他的倡导下，一批天竺（今印度）佛教高僧进入梁国传教，同时也带来了外国的绘画艺术。而张僧繇正是借鉴了天竺画的明暗法、透视法，在建康（今江苏南京市）一乘寺画了一些凹凸花。这些画，近看是一个平面，远望却出现了立体感，广为人知。突破了顾恺之以密体画法为唯一技法的局面，成为中国疏体画法第一人。他最有名的画是《维摩诘像》《横泉斗龙图》《汉武射蛟图》《梁武帝像》等。

当时，梁武帝有六个儿子分封在外，父子长年难得一见，于是他就派遣张僧繇到各地为皇子画了写真像回来，梁武帝看了，认为如同“对面相见”。

有一次，润州（今江苏镇江市）兴国寺的小鸟在屋梁上做窝，鸟粪常常落在佛像上。张僧繇就在大殿东墙上画了一只鹰，在西墙上画了一只鹞。从此以后，小鸟都不敢再来胡闹了。

更神奇的一幕是，他在建康安乐寺画了一幅壁画，上面画了四条白龙，条条活灵活现，只是没有眼睛。很多人看了，倍感奇怪，问他：“为什么不点上眼睛呢？”他常常说：“如果点上眼睛，龙就会立刻飞走。”有人不相信，认为纯属无稽之谈，并坚持要求他点上眼睛。张僧繇万般无奈，只得按他们说的去做。当他提起笔来，刚刚点完第二条龙的眼睛，突然电闪雷鸣，连墙壁也被震裂了。过后一看，点上眼睛的两条龙不见了，人们眼前只剩下另外两条没有点睛的龙。根据这个故事，后人概括出了“画龙点睛”的成语。

原文

金陵安乐寺四白龙不点眼睛，每云点睛即飞去，人以为妄诞，固请点之。须臾，雷电破壁，两龙乘云腾去上天，二龙未点眼者见在。

——《历代名画记》

译文

有一次张僧繇在金陵安乐寺的墙壁上画了四条白龙。尽管这几条龙都被刻画得入木三分，但都缺少眼睛。张僧繇说点上了眼珠这些龙会破壁飞走的。众人以为他是在妄想，请他一定要点上眼珠。张僧繇只好给其中两条龙点上了眼睛，他刚把眼睛画完，天空中立即乌云滚滚，电闪雷鸣，两条被点睛的巨龙破壁而出，腾空而去，墙上没有点睛的两条龙仍然留在墙壁上。

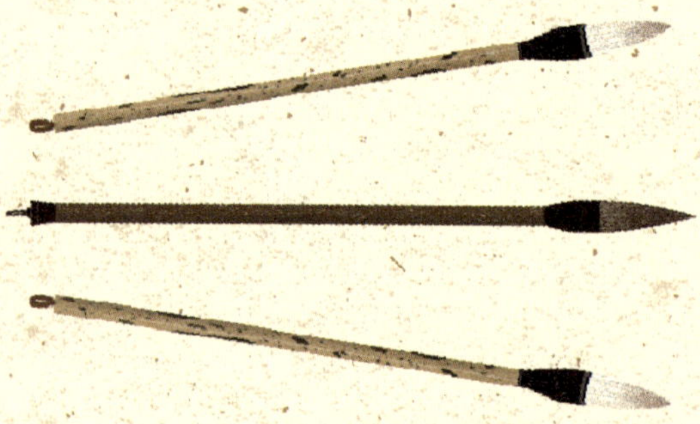

哲思一问

大家觉得一幅名画是绘画技术重要，还是构思立意重要？

《历代名画记》

《历代名画记》成书于公元847年，是中国第一部绘画通史。全书共十卷，前三卷是画学，涉及画史、画论、画法、画体、画具、著录、鉴赏、收藏、装裱等；后七卷是从上古到唐代372位画家的小传。本书将绘画从上到下分为五品："自然""神""妙""精""谨细"，在绘画鉴赏上富有真知灼见；本书最早提出了"书画同体"的思想；本书还提出了前人未能涉及的"立意"问题，认为"立意"是"用笔"的根本，绘画的宗旨在于"得意"。该书是中国美术史学上划时代的著作，有人称它是美术史上的《史记》。

作者张彦远，出生于宰相世家，祖上收藏了批量的书画真迹，他少年时代就有大量机会观赏绘画名作。他是一位成功的官员，先后担任唐朝员外郎、刺史、大理寺卿；更是一位优秀的书画家和书画理论家。除了《历代名画记》，他还著有《法书要录》。

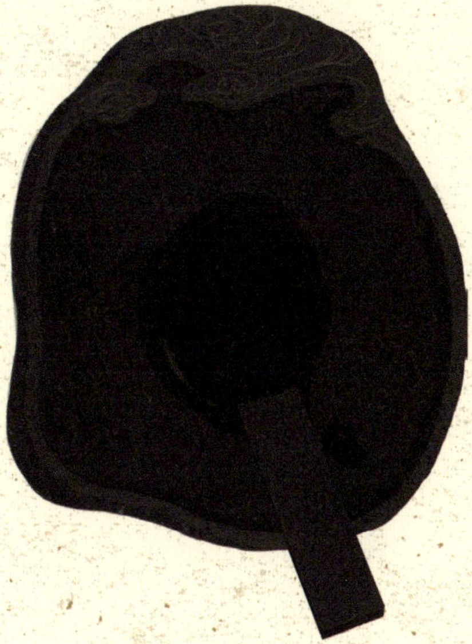

丹青

：丹是巴郡、南越出产的朱砂，丹的字形像是采掘朱砂的井。

丹指丹砂，呈红色；青指雘（huò）青，呈青色。从汉代开始，人们用丹青指代中国画，把画家称为丹青手。

中国的绘画史可以上溯到原始社会，最初是画在陶器、地面和岩壁上的。后来，古人开始在青铜器、玉器、漆器、墓葬、墙壁、绢帛上作画。

魏晋南北朝时期，人物画、走兽画走向成熟，涌现了顾恺之、陆探微、张僧繇等一批绘画大师。隋唐时期擅长壁画创作的吴道子，被画史尊称“画圣”。

宋代以前，一般在绢帛上作画，材料昂贵，因此作画多以王公贵族为对象。宋代以后，纸张成为作画材料，士大夫文人画兴起，水墨画盛行，画家开始在画作上题诗题字，使诗、书、画汇成一个整体，实现了真正意义上的“书画同源”。董源、李成、范宽被称为“北宋三大家”，马远、李唐、夏圭、刘松年合称“南宋四大家”。

元代，画风趋向写意。赵孟頫、黄公望、王蒙、吴镇被称为“元四家”。明代，新兴的浙派以戴进、吴伟为代表，吴门派以沈周、文徵明、唐寅、仇英、张宏为代表。清代，水墨写意画盛行。清初，“四王”画派被视为正统；清代中期，出现了不走“正宗”之路的“扬州八怪”；晚清，出现了以吴昌硕、虚谷、蒲华、任伯年为代表的海派，以高剑父、高奇峰、陈树人为代表的岭南画派。

进入 20 世纪，西洋画技法被创造性地融入国画，出现了一批世界级绘画大师，主要有潘天寿、张大千、徐悲鸿、齐白石、吴冠中等，国画重新散发出无穷的魅力。

国宝小档案

名　　称	顾恺之洛神赋图卷（宋摹）
所属年代	宋代
所属博物馆	北京故宫博物院
出土地点	非出土文物，为古代摹本
文物综述	这幅画是宋代画家画的，他们模仿了很久以前顾恺之大师的画风。画里的洛神是根据曹植的《洛神赋》来的，她穿着漂亮的衣服，看起来像是在空中跳舞一样。画面细致，线条像流水一样流畅柔顺。这幅画现藏北京故宫博物院，它不仅仅是一幅很美的画，还告诉我们很多关于古代的故事和文化。

毛笔
笔洗
镇纸
砚台

书法

从甲骨文、金文的时代开始，文字就是华夏文明的载体。书法与汉字，相伴而生，历经数千年至今，本身就是活着的文明。

入木三分

东晋时期，有个著名的书法家叫王羲之，他出身于魏晋名门琅琊王氏，凭借祖上门荫进入官场，当过最大的官是右军将军，所以人称“王右军”。他借着几分醉意，即兴书写的《兰亭集序》，被誉为天下第一行书；他为了和道士换白鹅，潜心书写的《黄庭经》，是最好的小楷范本之一。他擅长行、楷、隶、草各种书体，摆脱了汉魏笔风，自成一家，被后人称为“书圣”。他的成功，完全是勤学苦练的结果。

七岁时，他已经写得一手好字。十二岁时，他在父亲王旷的枕头下，发现了前人的《笔论》，偷偷拿来阅读。父亲发现了，便对他说：“等你长大了，我再把这本书传授给你。”他恳求父亲说：“等我长大了，我小时候的才能就得不到挖掘，还是快快传授给我吧。”父亲很高兴，就把前人的笔法和自己的体会教给了他。

少年时代，他还缠着姨母卫烁教他书法。姨母深得钟繇真传，字体如同插花舞女，低头含羞，又如仙女弄影、莲花映水，姿态美极了。王羲之书法姿势妩媚的风格，就是从姨母那里学来的。

随后，他走出父亲和姨母的书斋，畅游名山大川，尽览天下碑刻，博采众家之长，然后加以总结、提炼、创造，书法境界不断提升。

一次，他来到天台山，被秀美如画的自然风光深深吸引，便在华顶住了下来，一边观看日出奇观和云涛雾海，一边体悟书法的真谛。他不停地练字，不停地洗笔洗砚，居然把一个清澈透明的水池染黑了，这个池子从此得名“墨池”。

因为他始终坚持勤学苦练，所以腕力十足，写出来的字既秀丽又苍劲；秀丽起来如舞女蹁跹，苍劲起来则力透纸背。

东晋皇帝在南郊举行祭天仪式时，命令工匠削除祝版上的旧祝文，书写由皇帝所撰的祭辞。而以前的祝文，一般由王羲之书写。当工匠削除祝版时，削了一层，发现有墨迹；又削了一层，发现还有墨迹；再削一层，发现仍有墨迹。太神奇了，王羲之的墨迹足足渗透木板三分之深。

入木三分：一般形容书法笔力强劲，后来也用来比喻见解深刻，鞭辟入里。

古代著名的书法家

- **秦**
  小篆
  李斯
- **东汉**
  隶书
  蔡邕
- **三国**
  楷书
  钟繇
- **晋**
  行书
  王羲之
- **唐**
  狂草
  张旭

原文

卫夫人见，语太常王策曰："此儿必见《用笔诀》，近见其书，便有老成之智。"流涕曰："此子必蔽吾名。"晋帝时祭北郊，更祝版，工人削之，笔入木三分。三十三书《兰亭序》。三十七书《黄庭经》。书讫，空中有语："卿书感我而况人乎！吾是天台丈人"。自言真胜钟繇。羲之书多不一体。

——《书断》

译文

卫夫人知道后，告诉太常王策说："这孩子一定看过《用笔诀》，最近看见他的书法，就已成大器。"流着眼泪说，"这孩子将来名声一定超过我。"晋帝时，在北郊祭祀，更换祝版，工匠刻字由王羲之书写，笔法入木三分。三十三写了《兰亭序》，三十七写了《黄庭经》，写完后，空中有人语说："你的书法都感动我，而何况世人呢？我是天台丈人。"天台丈人称王羲之的楷书胜过了钟繇。（本句意或为"王羲之自认为自己的楷书胜过了钟繇"）王羲之书法多数不是一种字体。

哲思一问

学习一项艺术或者技艺，是天赋重要，还是努力更重要？

《千字文》

南朝时期，梁武帝萧衍为了教导诸王书法，从王羲之的作品中拓出了一千个不同的字，每个字一张纸，然后把这些毫无次序的拓片交给周兴嗣编撰，周兴嗣以其超人的文学才能将这一千字编成四字一句、押韵的《千字文》，成为中国流传最广泛的儿童启蒙读物之一。《千字文》从天地开辟讲起，讲述天文地理、人伦道德、历史渊源、自然与社会等，素有“华夏文明小史”之誉，也是中国传统文化的重要组成部分。

《千字文》除了用作启蒙教材，还是学习书法的范本。历代书法大师，如隋朝的王羲之第七代孙智永，唐朝书法大师欧阳询、颜真卿、怀素、褚遂良等，宋朝的宋徽宗、米芾和黄庭坚等，元朝的赵孟頫、鲜于枢等，明朝的祝允明等许多先圣，都留下了《千字文》书法杰作。这些作品风格各异，流传甚广，使得《千字文》与书法紧紧关联在了一起。

书法

書：写在竹片、帛片上的就是书。最早的书是用毛笔在竹片、木片上书写的，后来是写在帛书上，纸出现后就是用墨在纸上书写。

书法是伴随汉字而生的，是一门艺术也是中华文化的一种象征。每个汉字的一笔一画，除了表示语言的音义，还有艺术的讲究，比如颜（真卿）体书法筋肉丰满，柳（公权）体书法刚劲有力，俗称“颜筋柳骨”。如果拿一个颜体字放到柳体字中，好比让一个胖子站到瘦子的队列里，极不协调。

那什么是书法呢？文字的笔画和结体，写得有力有势，就成了书法。

字体的快速演变，是从秦朝开始的。秦朝丞相李斯将大篆、籀（zhòu）文加以简化，创制了小篆。汉代，隶书取代小篆成为通用的正宗字体。字体的演变还在继续，魏国的相国钟繇将隶书改写成了工整、规范的楷书，被称为“楷书鼻祖”。从此，隶书的正宗地位被楷书代替。东晋时期的王羲之创造了光照千古的行书，他也因此被称为“书圣”。

把楷书写到精妙绝伦的，是“唐楷”。唐代的欧阳询、颜真卿、柳公权与元代的赵孟頫并称“楷书四大家”。宋元以后，流行行书和楷书。苏轼、黄庭坚、米芾、蔡襄被称为“宋四家”。元代的赵孟頫独创了“赵体”楷书。明代涌现了董其昌、文徵明、祝允明、张瑞图等一大批书法名家。清代书法家依旧数不胜数，如傅山、刘墉、郑板桥、梁同书等。

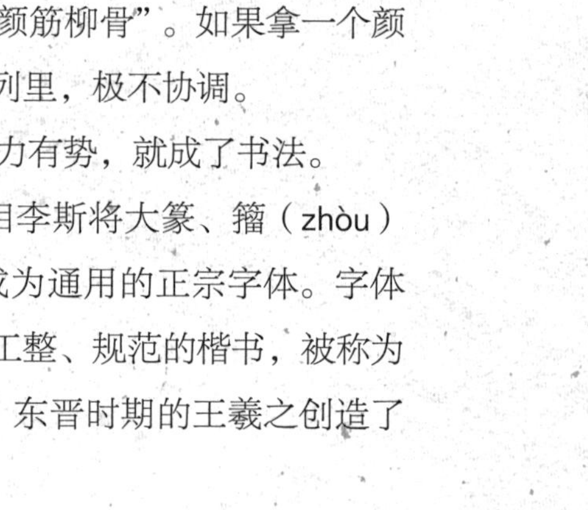

今天，随着电脑打印技术的普及和无纸化办公时代的来临，年轻一代已经很少用毛笔写字，但只要汉字在，书法作为一门艺术就不会过时。

国宝小档案

名　　称	白瓷砚
所属年代	唐
所属博物馆	中国国家博物馆
出土地点	河南省陕县唐墓出土
文物综述	砚是每个文人书房里不可缺少的工具，用来研墨并盛放磨好的墨汁。这件白瓷砚呈圆形，砚面中间突起，并且特意没有上釉，非常适合用来磨墨，而周围一圈的凹陷则刚好用来盛放墨汁，特别实用。这种形状的砚被称为辟雍砚，是工匠们模仿周朝四面环水的辟雍设计而成，在隋唐时期很是流行。

儒家

儒，最早从巫师、史官、祭祀者、占卜师中分化而来，他们专门为贵族掌管礼仪制度。后来孔子将儒家学说发扬光大，创立了儒家学派，并成为中国古代思想中最受推崇的学说。

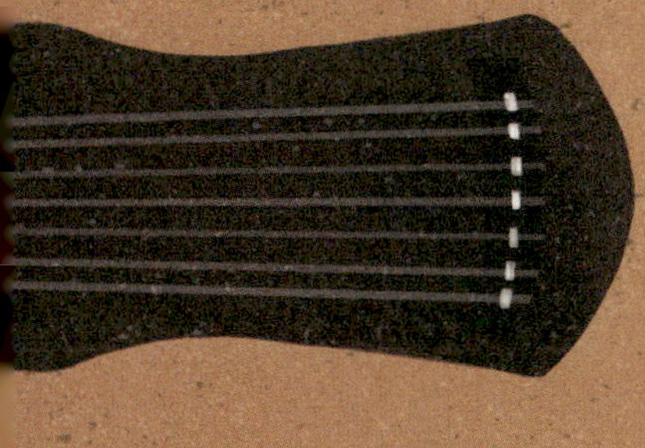

己所不欲，勿施于人

在很久很久以前的春秋时期，中国有一所最早的私立学校，学校的创办者是大教育家孔子。这所学校建在一片树林里，没有围墙，学生足有 3000 人。平时上课，孔子会坐在一棵老杏树底下，学生们围坐在孔子周围，由学生提出问题，由孔子来解答，这在今天叫问答式教学。有时，孔子也主动提出问题，让学生们去思考，这在今天叫启发式教学。

在这些学生里，有 72 个人学习成绩很好，成了有德有才的贤人，其中一个人叫子贡，是孔子的得意门生。他干什么都很出彩，既是一个演讲家，又是一个大商人，还是一个政治家，曾经当过鲁国和卫国的相国。

同样是孔子的学生，同样天天耳濡目染，为什么只有 72 个人出类拔萃，成了贤人呢？主要原因在于，这些学生既善于向老师请教，又善于思考，还善于总结，更善于把知识和实践结合起来，做到知行合一。子贡就是这样一个人。

在《论语》一书中，有很多孔子与学生

们的对话。从学生每次向老师提问的问题上，就能看出一个学生知识水平的层次。层次低的学生，往往提问一些具体事情，而老师也只能就事论事地予以回答。层次高的学生，就会提问一些重大的人生问题，而老师在解疑释惑时，也往往能与学生碰撞出思想的火花。

一次，子贡就老师思想的核心“仁”，提出了一个问题：“我们这些学生，如何培养仁呢？”

对于这个问题，孔子回答得非常睿智，他说：“工欲善其事，必先利其器。”意思是，工匠要想把将要做的事完成好，必须首先打磨好自己的工具。然后又说，你生活在这个国家里，要向大夫中的贤人学习，与士中的仁人交朋友。

又一次，子贡郑重其事地问孔子：“有没有一句可以终身奉行的话呢？”

显然，子贡在问一个人的行为准则。这可是人一生需要时刻面对的大问题呀。

孔子思考片刻，回答：“那不就是‘恕’嘛。”意思是，人要学会宽恕。

然后，孔子进一步解释说：“己所不欲，勿施于人。”意思是，自己不想要的，切不可强加给别人；自己不想干的事儿，不要强迫别人去干。用一句现代话解释，就是要懂得换位思考。

这句话，是人生的伦理底线，也是世界通行的黄金法则，自古至今闪烁着道德的光辉。

原文

子贡问为仁，子曰："工欲善其事，必先利其器。居是邦也，事其大夫之贤者，友其士之仁者。"

子贡问曰："有一言而可以终身行之者乎？"子曰："其恕乎！己所不欲，勿施于人。"

——《论语》

译文

孔子的学生子贡问如何才能实行仁德，孔子说："工匠想要把工作做好，首先要把他的工具磨锋利。居住在这个国家，就应该侍奉大夫当中的贤人志士，和士人当中品德高尚的人交朋友。"

子贡问道："有没有可以终身奉行的一个字呢？"孔子说："那大概就是恕字吧！自己不喜欢的事物，不要强行加于别人身上。"

哲思一问

大家觉得交朋友除了看缘分外，还要看什么呢？

《论语》

这本书记录的是孔子与弟子的言论及对话。翻开这本书，你可能会发现，书中的内容零零碎碎，一点儿也不系统。这本书虽然看似零碎，但每一句话都博大精深，振聋发聩，放射着智慧的光芒。这些话汇集起来，就是一座照彻千古的思想灯塔。

孔子在书中说“三人行必有我师焉”，意思是，多人同行，其中必定有人可以做我的老师，这是“成功之道”。他主张“仁者爱人”，认为统治者有责任照顾好他的人民，这是“人道主义”。他还主张“有教无类”，意思是不管你是贵族还是平民，都有接受教育的权利，这是“教育公平”。这本书，给启蒙时期的中国古人提供了一整套思想方法、行为准则和是非标准，深刻影响了中华民族性格的铸造和伦理道德的养成。因此，它在汉代就被尊为“经”，宋代以后被列为“四书”之一，成为学生的必读书。

儒家

儒：儒是指性格柔和的人，又是道术之士的称呼。儒后来指孔子和他弟子的学说，儒生本来是指学习孔子学说的弟子，后来成为旧时代读书人的称呼。

儒家，又称儒学、儒教，是先秦诸子百家中影响最深远的一个思想学派。需要说明的是，在汉武帝“罢黜百家，独尊儒术”之前，儒家与诸子百家其他学派地位是平等的。

儒家的创始人是孔子，他是春秋时期鲁国人。孔子的伟大之处在于，他形成了以“仁”为核心价值，以“礼”为实现途径的儒家思想体系，被后代称为“圣人”，也就是品德和智慧达到完美境界的人。

战国时期的儒家代表人物是孟子和荀子。孟子认为人性本善，荀子认为人性本恶；孟子推崇的德治是治心的，是循循善诱，让人自己开窍，自觉成为一个守德的君子；而荀子推崇的礼治是治身的，就是立下一套规矩，告诉人应该如何去做。

另一个左右儒家思想走向的人物，是西汉时期的董仲舒。他以荀子的思想为基础，吸收其他学派的理论，系统地提出了“三纲五常”的道德标准。三纲，是指父为子纲，君为臣纲，夫为妻纲；五常，是指仁、义、礼、智、信。他针对中央集权的需要，提出了“君权神授”的政治主张，意思是皇帝的权力是上天授给的，是不容怀疑的；他还提出了“罢黜百家，独尊儒术”的建议，意思是把其他思想统统废除，只保留儒家。他的这些主张，正中汉武帝下怀，因此被朝廷全部接纳。从此，儒家成为两千年来中国的正统和主流思想。

国宝小档案

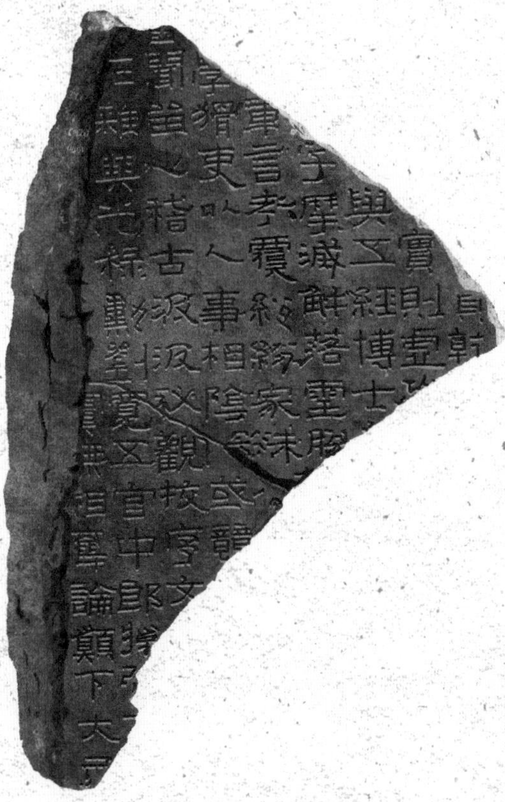

名　　称	“熹平石经”残石
所属年代	东汉
所属博物馆	中国国家博物馆
出土地点	河南省洛阳市
文物综述	东汉“熹平石经”残石，是汉代文化的珍贵遗产。尽管遭受了岁月蚀刻，仍可窥见当时隶书的雄浑与流畅。这些石碑，曾伫立于太学之地，见证了古代士子的勤学苦练。它们不仅是文字的载体，更是儒家教育的象征，反映了当时社会对知识与道德修养的重视。即便经历了千年的风霜，这些残石依旧向世人展示着古代汉人的智慧与精神风貌。

道家

道，是中国文化中影响深远的概念之一，它既是万事万物的规则，又是宇宙的本原。《道德经》中，老子说：“道生一，一生二，二生三，三生万物。”

庄周梦蝶

你每天都会做梦吗？其实，做梦是一种正常的生理现象，每个人都会做梦。如果白天有一件事让你特别兴奋，临睡前你还想着这件事，那么入睡后你大概会做一个内容相似的梦，这就是人们常说的“日有所思，夜有所梦”。但也有一类情况，就是梦境中的内容特别荒诞，特别奇怪，与你白天所想的事儿几乎没有任何关系。

有一个古人就做过这样一个梦。

他叫庄周，生活在2300多年前的战国时期，是一个大哲学家。

一天晚上，忙碌了一天的庄周，走进那间属于自己的土屋，长出了一口气，然后躺在床上。如水的月光透过窗棂，轻轻照耀着他疲劳的脸庞。

一会儿，他恍恍惚惚地进入了梦乡。这是一个特别美丽，特别轻盈的梦境。在梦中，他变成了一只翩翩起舞的蝴蝶，一会儿飞进花丛，落在花瓣上，轻嗅那馨香的花蕊；一会儿随着和煦的微风，轻轻拍打自己的翅膀，飞上树梢；一会儿又越过山丘，飞过一泓清澈的湖泊，瞥见一群小鱼在水中游戏。他特别自由自在，根本记不住自己是谁了。

一会儿，庄周从梦中醒来，梦中的情景依旧历历在目，看看自己，仍真切地躺在床上，自己分明是庄周，可怎么在梦中化成蝴蝶了呢？

庄周一直躺在床上发呆，他左思右想，始终不明白：到底是庄周做梦化为蝴蝶了呢，还是蝴蝶做梦化为庄周了呢？庄周想来想去，觉得有一点还是清楚的，那就是庄周和蝴蝶必定是有所区别的，不然，庄周和蝴蝶就合二为一，没有区别了，也就不存在谁做梦化为谁了。正是因为有了这种区别，才有了梦中的转化，这就是人们所说的“物化”。

后来，人们用这个著名的梦境，形容人生虚幻，一切皆空。从此，就有了庄周梦蝶、庄周化蝶的成语，也有了梦蝶、化蝶这两个迷蒙而浪漫的词汇。

古代历史上不可思议的梦

- **周文王** 飞熊入梦
- **汉明帝** 金人飞来之梦
- **曹操** 三马同槽之梦
- **魏延** 头长角之梦
- **淳于棼** 南柯一梦
- **沈既济** 黄粱美梦

原文

昔者庄周梦为胡蝶，栩栩然胡蝶也，自喻适志与！不知周也。俄然觉，则蘧蘧然周也。不知周之梦为胡蝶与，胡蝶之梦为周与？周与胡蝶，则必有分矣。此之谓物化。

——《庄子·齐物论》

译文

过去庄周梦见自己变成蝴蝶，很生动逼真的一只蝴蝶，感到多么愉快和惬意啊！不知道自己原本是庄周。突然间醒过来，惊惶不定之间方知原来我是庄周。不知是庄周梦中变成蝴蝶呢，还是蝴蝶梦中变成庄周呢？庄周与蝴蝶那必定是有区别的。这就叫作物、我的转化。

哲思一问

大家觉得做一件事，想法重要，还是行动更重要？

《庄子》

《庄子》，唐代被称为《南华真经》，是道家经典之一。书中的内篇是庄周写的，外篇和杂篇是庄周的弟子和后来的道家写的。这是一本哲学书，追求的是一种“天人合一”“清静无为”的境界。这本书特别有想象力。书里的神仙，不吃粮食，靠喝露水活着，还会腾云驾雾，畅游天外；书里有一种鲲鱼，鲲鱼化为大鹏鸟后，自由地飞上天空，它的背有几千里长（1 里 =500 米），翅膀垂下来就像天上的云朵。书中有许多寓言故事，“望洋兴叹”“鹏程万里”“庖丁解牛”“井底之蛙”“邯郸学步”“东施效颦”等成语，就来自这本书。

道家

道：道原指人们行走的道路，特别指那种完全通达没有歧路的道路。

如果说“仁义”二字被视为儒家思想标志的话，那么“道德”一词就是道家思想的精华。

创立道教的是老子。老子，本名李耳。他担任过周朝的史官，很有学问，名气很大，孔子曾经专门前去请教他。后来，他辞去官职，骑着青牛西行，在经过函谷关时受到关令尹喜的邀请，写下《道德经》后，骑上青牛消失在人们的视线中。老子认为，“道”是天地万物最初的基础，产生天地万物并支配着万物的生长和发展。他主张通过“无为而治”来实现“小国寡民”的理想社会。

随后出现的道家代表人物是庄子。庄子比老子更加理想化。他主张顺从天道，放弃“人为”，从而与天地相通，这就是“德”。他说，人的生命是有限的，而知识是无限的，以有限的生命去极端地追求无穷的知识和利益，而忽略身边一切的美好，是愚蠢的。庄子以后的道家主张通过“心斋”“坐忘”等方法，忘掉人世间的苦难，在精神世界里寻找自由和快乐。

至于道教，是由东汉末年的张道陵创立，通过精神形体的修炼而“成仙得道”的一种宗教。尽管道教也信奉“道”，把老子当成始祖，看作太上老君的化身，但道教与道家是有区别的。道家是一种思想学派，而道教是一种有着经典教义、神仙信仰、仪式活动的宗教信仰。

国宝小档案

名　称	郭店竹简《老子》乙
所属年代	战国
所属博物馆	湖北省博物馆
出土地点	1993 年于湖北省荆门市郭店 1 号墓出土
文物综述	战国时期的郭店竹简《老子》乙，是那个时代智慧的见证。这些精细的竹简，曾静静躺在荆门的古墓中，承载着道家的深邃思想。它们的文字，虽经千年，仍流露出古人追求自然和谐的哲学追问。它们不仅记录了老子的言教，更映射出道家的生活哲学和宇宙观。通过这些竹简，我们仿佛能遥遥望见这位古代哲学家的身影，体悟到“上善若水”“知足常乐”的人生智慧。

法家

法家是战国时期重要的学派，《汉书·艺文志》把法家列为“九流”之一。与现代意义的法律精神不同，法家主张通过法律手段建立统一的君主专制国家。

卫鞅入秦

战国时期，卫国有一个贵族，名叫卫鞅。一开始，他在魏国做官，因为不受魏王的重视，加上秦孝公面向天下招聘人才，所以他离开魏国，投奔了西边的秦国，被秦孝公任命为相国，封给他商地，称号是“商君”，从此他被称为商鞅。

随后，商鞅受命主持变法。在推行新法过程中，他雷厉风行，铁面无私，即使实力强大的公族犯了法，该处罚就处罚，绝不留情；即使自己的亲信获赏时也不徧袒；即使太子犯了法，也要由太傅承担责任。商鞅变法推行一年后，秦国路不拾遗，夜不闭户，国富兵强，各诸侯国都十分害怕秦国。然而，由于商鞅执法严酷、苛刻，平民百姓不是没意见，只是被压服罢了，而贵族阶层一直躲在暗处咬牙切齿，默默等待着翻盘的机会。

这个机会来得很慢。商鞅变法八年后，秦孝公病倒了。为了把变法坚持下去，秦孝公想把王位传给商鞅，但商鞅坚持不接受。秦孝公病死后，曾经受到商鞅处罚的太子继位，史称秦惠王。秦惠王执政不久，商鞅担心受到打击报复，就开始寻找退路，而这个退路，就是自己曾经服务过的魏国。

其间，曾经被商鞅惩罚过的贵族世族联合起来对秦惠王说：“大臣权力过重，就会危害国家；国王对大臣过于亲近，就会危害自己。如今的秦国，连妇女儿童都在谈论商君的法令，却没人谈论秦王的法令。这说明，商君的地位已经超过大王了。况且商君本来就是大王的仇敌，大王该对他动手了。”

商鞅听到风声，仓皇逃到边关。天黑以后，他到一家旅店投宿，但店家不敢收留他，原因是他拿不出证明自己身份的证件。按照商鞅制定的“连坐法”，如果店家让没有证件的人住宿，会受到株连。这就是“作法自毙”这个成语的由来。

接下来，他想逃往魏国，但魏国人因为他曾经违反诺言扣留魏军主帅，不允许他入境。无奈之下，他只能返回自己的封地，最终被秦惠王派兵捉住，实施了车裂的极刑。对此，秦国人并不同情他。

作法自毙： 自己死在了自己制定的法律上，指自己做的事使自己受害。

原文

卫鞅亡魏入秦，孝公以为相，封之于商，号曰“商君”。商君治秦，法令至行，公平无私，罚不讳强大，赏不私亲近，法及太子，黥劓其傅。期年之后，道不拾遗，民不妄取，兵革大强，诸侯畏惧。然刻深寡恩，特以强服之耳。孝公行之八年，疾且不起，欲传商君，辞不受。

——《战国策·秦策》

译文

卫鞅从魏国逃往秦国，秦孝公让他做相国，封给他商地，称为商君。商君治理秦国，法令严明，正直无私，惩罚违法者不避强宗大族，奖赏有功者不偏袒亲属近臣，法纪涉及太子，连太子的老师也要受刑。商君的法令施行一年之后，路上丢失的东西没有人去捡拾，老百姓不敢乱取非分之财，国家兵力强大，各诸侯因此而害怕秦国。但是，商君执法苛刻严酷，只是用强制手段迫使群臣百姓服从而已。秦孝公用商君法令治国八年后，大病不起，想把王位传给商君，商君辞谢不接受。

哲思一问

大家觉得规则是用来遵守的，还是用来打破的？

《战国策》

这是一本关于战国策士们（游说诸侯的具有智谋和策略之士）言行事迹的汇编，作者是谁，至今众说纷纭。到了西汉时期，学者刘向按照国别和时间顺序，对这本书重新进行了编订，分为西周、东周、秦、齐、楚、赵、魏、韩、燕、宋、卫、中山十二国策，并定名《战国策》。

《战国策》，以策士们的游说活动为中心，广泛展示了战国时期错综复杂、风云激荡的历史。虽然本书被归类为历史书，但书中明显有虚构的成分，它也因此受到了很多非议。然而，它在文学上的成就却是不容置疑的。本书行文生动活泼，情节曲折多变，人物性格鲜明。书中的策士大量运用寓言、典故、比喻来游说各国，故事出神入化，妙趣横生。“鹬蚌相争，渔翁得利”“头悬梁，锥刺股”“图穷匕首见”“狡兔三窟”“惊弓之鸟”“抱薪救火”“南辕北辙”“胡服骑射”等耳熟能详的成语，都出自这本书。

法家

：法指刑法，法律像水一样地平正，所以字中有水；法的原字形灋中还藏着一个字符，代表着一种抵触不正直的神兽。

法家起源于春秋时期，成熟于战国时期。初期，法家分为三派。一派以慎到为首，强调“势”，也就是权力与威势；一派以申不害为首，强调“术”，也就是政治权术；一派以商鞅为首，强调“法”，也就是法律与规章制度。韩非子是法家的集大成者，他把“法”“术”“势”综合起来，认为三者缺一不可：明君如天，执法公正，这是“法”；君王驾驭人时，令人无法捉摸，这是“术”；君王拥有威严，令出如山，这是“势”。

法家思想的主要特征是以法治国，一切都由法来决断。法家思想适应了战国时期历史发展的需要，因此被多个诸侯国特别是秦国所接纳。只是，每一次变法都伴随着社会动荡，尤其是伴随着上层贵族利益的受损，因此法家人物往往下场悲惨。如吴起是被射死的，商鞅是被车裂的，韩非是被毒死的。

汉武帝“罢黜百家，独尊儒术”之后，法家作为一个流派就几乎消失了。其实，中央集权制度下的帝王们，采取的多是“外儒内法”的思想，只是他们不明说罢了。

有些人感到有些遗憾，认为法家思想符合现代法治社会的要求。其实，法家的法，恰恰是违背法治精神的，因为现代法治社会是保护所有人的权利不受侵犯。而法家那个法，核心要素是剥夺所有人的权利，让国君用严厉的刑法进行统治。

国宝小档案

名　　称	商鞅方升
所属年代	战国晚期（公元前 275 年—前 222 年）
所属博物馆	上海博物馆
出土地点	陕西省蒲城县平路庙乡寺坡冶炼遗址
文物综述	战国晚期的商鞅方升，是法家思想具象化的历史见证。这件量器，以其刚正的形态和精确的刻度，反映了商鞅变法时期对秩序和标准的追求。方升的铭文，如同穿越时空的低语，讲述着商鞅在“重泉”与“临”两地施行的严格度量衡制度的历史。商鞅方升的存在，让我们得以窥见战国末期社会生活的秩序与法家思想的严谨，其铭文更是古代法制史上的宝贵篇章。

墨家

墨家，也是《汉书·艺文志》中所记载的“九流”之一。他们是儒家学说的反对者，认为君臣有序的礼制不能安定天下，并提出了兼爱、众生平等的思想观念。

墨子救宋

春秋时期，鲁国著名工匠公输盘替楚王制造云梯，用来攻打宋国。墨子听说后，从鲁国出发，走了十天十夜赶到楚国都城，见到了公输盘。

公输盘问：“先生有何见教？”

墨子说：“有人欺侮我，我送你十金希望你能去杀了他。”

公输盘说：“我坚守道义，坚决不杀人。”

墨子起身，拜了两拜，说：“我听说你在制造云梯，要用它攻打宋国。宋国有什么罪呢？楚王打宋国那是不仁、不智。如果你不劝谏楚王，这是不忠；如果你劝了楚王没有成功，这是不强。既然你自称坚守道义，那么楚国攻打宋国，要杀死那么多人，这能叫作道义吗？”

公输盘很惭愧，墨子说：“你带我去见见楚王吧。”

于是二人一同觐见了楚王。墨子拜见了楚王，说：“如今这里有一个人，舍弃自己的好车，去偷邻居的破车；舍弃自己的华服，去偷邻居的粗布衣；舍弃自己的好饭好菜，去偷邻居的粗劣饭食。这是怎样一个人呢？”

楚王回答："这个人一定患有偷盗的毛病。"

墨子说："楚国的土地，方圆足有五千里；宋国的土地，方圆不过五百里，这就如同豪车与破车相比。我认为大王派人进攻宋国，与患偷窃病的人没有什么区别。"

楚王说："你说得好！虽然如此，但公输盘已经给我造了云梯，我只能攻取宋国。"

于是，楚王让公输盘与墨子进行城池攻守模拟战。结果几轮比试下来，公输盘都败了。

公输盘说："我知道对付你的办法，可我不说。"

楚王不明白，追问其中的缘故。

墨子说："公输先生的办法恐怕就是杀了我吧。如果我死了，宋国便无人能守城了，你们就能攻下宋国。然后，我的学生禽滑厘带着三百多人，已经拿着我设计的守城器械，在宋国城墙上等着楚军。就算杀了我，也杀不完所有的守城者！"

楚王叹了口气，无奈地说："好吧，我放弃攻打宋国了。"

历史上有趣的发明

- **战国**
  - 冰箱
  - 冰鉴
- **汉朝**
  - 计程车
  - 记里鼓车
- **东汉**
  - 地震检测
  - 地动仪
- **三国**
  - 运输工具
  - 木牛流马
- **宋代**
  - 水罗盘
  - 水运仪象台
- **明代**
  - 古代火箭炮
  - 架火战车

原文

子墨子曰："公输子之意不过欲杀臣。杀臣，宋莫能守，乃可攻也。然臣之弟子禽滑厘等三百人，已持臣守圉之器，在宋城上而待楚寇矣。虽杀臣，不能绝也。"

楚王曰："善哉。吾请无攻宋矣。"

——《墨子·公输》

译文

墨子说："公输先生的意思，不过是要杀掉我。杀了我，宋国没人擅长守城，就可以攻取了。可是，我的学生禽滑厘等三百多人，已经手持我的守城器械，在宋国城墙上等待楚国入侵了。即使杀了我，也不能杀光宋国抵御者。"

楚王说："好吧，我宣布放弃攻打宋国了。"

哲思一问

大家觉得少数就一定要服从多数吗？为什么呢？

《墨子》

《墨子》，是一部全面阐述墨子思想的著作，由墨子和弟子撰写。本书主张“兼爱、非攻”，也就是人与人之间相亲相爱，互助互利，反对一切非正义的兼并战争；主张“尚贤、尚同”，也就是不分官民，不分贵贱，有能力就让他当官，没有能力就将他撤职；反对奢侈浪费、久丧厚葬和荒淫无度。

本书还把古代圣王的经验、百姓的需要、是否对国家百姓有利这三点，作为判断是非的标尺。在写法上，虽然以对话为主，但已经初步有了论说文的模样，是一部难得的古代典籍。

木鸢

墨子的成就不只体现在思想学说上，他还是位动手能力极强的科学家，精通机械制造，曾花费了三年的时间，精心研制出一种能够飞行的木鸟。

墨家

墨：墨本意是用来书写的黑色颜料，后引申出各种颜料、书画、不洁、规则等意义。又特指墨家，是墨家的简称。

韩非讲过一个故事，说有一个楚国人在集市上卖矛和盾。他先是夸耀他的盾说：“我的盾无比坚固，没有任何东西能够刺穿它。”然后又夸耀他的矛说：“我的矛非常锐利，没有任何东西能挡住它。”有人调侃他说：“用你的矛，去刺你的盾，结果会怎么样？”

而墨家就甘愿做这个“盾”。墨家创始人是墨子，是一名军事机械专家，他的机械制造技术与当时的鲁班不相上下。他早年学习儒家学说，后来发现儒家所倡导的礼仪过于复杂，不太实用，于是抛弃儒学，创立了墨家学派。

总结起来，墨家有三个特点：

第一，墨家是一个学术团体，以互爱互助、反对战争、勤俭节约为宗旨。

第二，墨家是一个政治团体。墨子的门徒有一百多人，团体的首领叫“钜子”，门徒到各国做官必须推行墨家主张，一部分做官的俸禄向团体上交。

第三，墨家是一个军事组织。为了阻止诸侯国之间的战争，墨家在防御上绞尽脑汁。他们针对各种攻城方法，研究出了 12 种绝密的破解办法。还从实战出发，制造了很多用于城市防御的器械。墨子和弟子经常赶赴被攻伐的诸侯国，支持和帮助它们进行防御战，因而被誉为“墨守”。

墨家是中国古代唯一代表劳动者利益的学派，汉武帝时期，朝廷“独尊儒术”，墨家最终退出了历史舞台。

国宝小档案

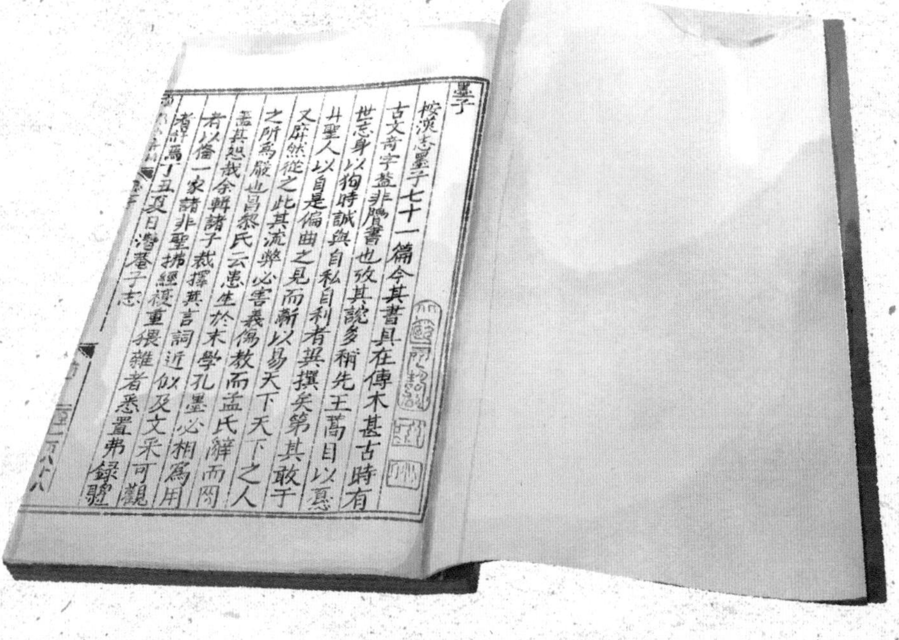

名　　称	《墨子》明刊本
所属年代	明代
所属博物馆	中国国家博物馆
出土地点	非出土文物，为古籍收藏
文物综述	《墨子》一书是墨家思想的结晶，在战国时期成书并广为流传。但自秦汉时期遭遇了焚书坑儒、独尊儒术等多次变故，墨家衰落，《墨子》也受到冷落。《墨子》典籍的传承同样艰难，汉代、隋唐和宋代的版本基本不存于世，明代藏本是我们现今可见的最早的版本。它的存在，是一座连接现代人与古代墨家思想的桥梁，每一页泛黄的纸张都承载着墨家“兼爱非攻”理念。

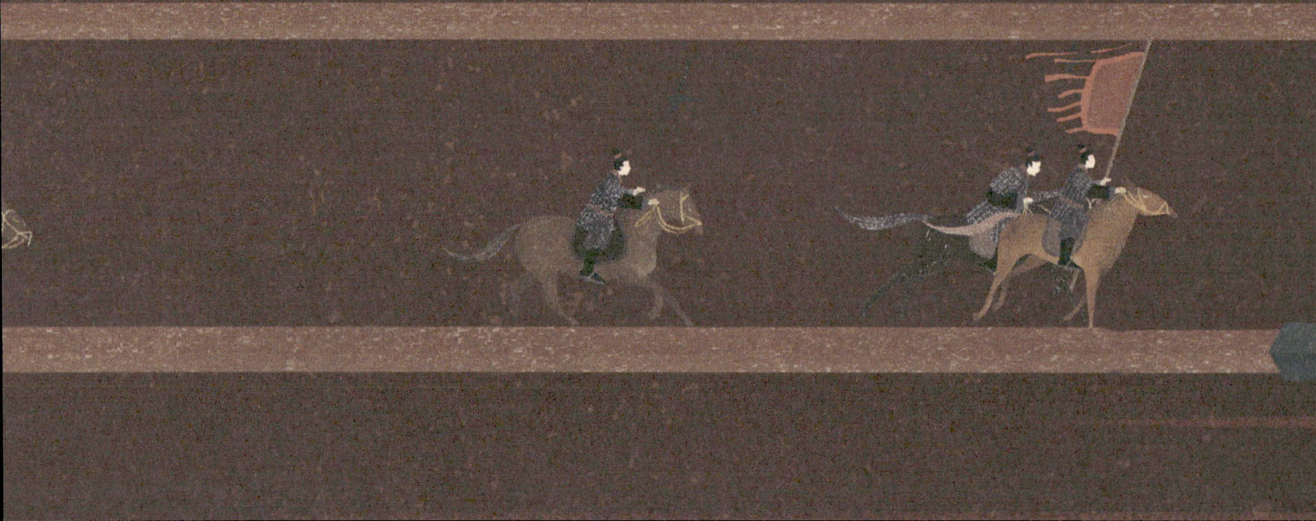

兵家，是指先秦到汉代，专门研究军事理论，从事军事活动的学派。战国以后，兼并战争频繁发生，战争技术的高低成为一个国家是否强大的新标准。

兵家

孙膑减灶诱敌

战国时期，魏国和赵国联手攻打韩国，韩国连连败退，不断向齐国求救。齐威王接到求救信后，决定任命田忌为大将，孙膑为军师，率领五万大军救援韩国。孙膑采用“围魏救韩”的办法，不直接救援韩国，而是直奔魏国的首都大梁而去。

魏国大将庞涓正忙着攻打韩国，接到本国告急的消息，只能火速回援。

孙膑见庞涓回师，对大将军田忌说：“魏国士兵向来凶悍，瞧不起我们齐军，觉得我们是软柿子可以任意拿捏。我们可以假装胆怯，让他们放松警惕。兵法有云：急行军百里去争夺利益，部队前后脱节，先锋主将可能受挫；急行军五十里去争夺利益，只有一半士兵能按时到达。应该命令军队在进入魏国境内的第一天砌十万人做饭的灶，第二天减为五万人的灶，第三天减为三万人的灶。”

为了迷惑魏军，齐军按照孙膑的办法逐渐减少做饭的土灶。庞涓追踪齐军三天，发现齐军第一天做饭用的土灶有十万个，第二天减少到五万个，第三天只剩三万个，不禁得意洋洋：“齐军果然是群胆小鬼，这才三天，士兵已经逃跑一大半了。”

庞涓误以为齐军溃散，放弃了步兵，只带着少量精锐骑兵日夜兼程的追击。而孙膑早已料到，特地在马陵预备下陷阱，正等着庞涓一头扎进来。马陵这个地方道路狭窄，旁边是山涧，非常适合设伏。孙膑剥去一棵大树上的树皮，写上“庞涓死于此树之下”，然后在周围埋伏了弓箭手，命令他们见到大树下火光燃起就一起放箭。

庞涓当晚果然赶到马陵，这个夜晚正好没有月亮，庞涓注意到剥去树皮的大树，点火查看上面的字。读完庞涓心中一惊，还没来得急喊出撤退，周围的伏兵万箭齐发，魏军大乱，四散而逃。庞涓知道自己逃不了了，拔剑自刎，临死前喊道：“今天倒是成就了孙膑这小子的名声！”

齐军乘胜追击，彻底击败了魏军，解除了韩国的危机。齐威王后来任命田忌为相国，并准备加封孙膑。但孙膑不愿接受封赏，他亲手写下十三篇兵法献给齐威王，然后辞官隐居去了。

原文

故军争为利，军争为危。举军而争利则不及；委军而争利则辎重捐。是故卷甲而趋，日夜不处，倍道兼行，百里而争利，则擒三将军；劲者先，疲者后，其法十一而至；五十里而争利，则蹶上将军，其法半至；三十里而争利，则三分之二至。是故军无辎重则亡，无粮食则亡，无委积则亡。

——《孙子兵法·军争篇》

译文

军队去争夺先机既是有利的也是危险的。如果全军带着全部辎重去争先，就会行动迟缓而赶不上时机；如果全军丢下装备辎重去抢夺先机，那么辎车又损失了。如果卷起铠甲，轻装快跑，日夜不停，以加倍的速度兼程行进，奔袭百里去争利的话，那么，三军将领都可能被擒；健壮的士卒在前面，疲弱的士卒却会掉队，按照这个方法大约只有十分之一的人能按时到达；如果像这样奔赴五十里去争利的话，那么前军将领必然受挫，按照这个方法大约只有一半人能到达；像这样急行三十里去争利的话，也只有三分之二的人能到达。然而，军队没有辎重就会打败仗，军队没有粮食就无法生存，军队没有物资储备就会灭亡。

哲思一问

历史上吴王阖闾为什么能够打败强大的楚国？

《孙子兵法》

《孙子兵法》是现存最早的兵书，又称《吴孙子兵法》《孙子》《孙武兵法》。两千多年来，《孙子兵法》一直被视为兵家的经典之作，历来备受推崇，在中国古代军事和战争实践中发挥了极其重要的指导作用，被誉为“古代第一兵书”。唐朝时期就已传到日本，十八世纪传到了欧洲，现在世界各国都有《孙子兵法》的译本，在世界军事史上占据着重要地位。《孙子兵法》全书共十三篇，从篇名就可以大致了解每一篇的主题，每篇都以“孙子曰”开头，结构严谨，逻辑严密，语言简洁，一如刘勰所言“辞如珠玉”。

《孙子兵法》由孙武撰写。孙武，字长卿，是春秋末期齐国人，后来流亡到吴国，辅助吴王治理国家和军队，声名显赫，被尊称为“兵圣”。

兵家

兵：兵是武器的总称，有趣的是，兵可以指武器，也可以指使用武器的人。

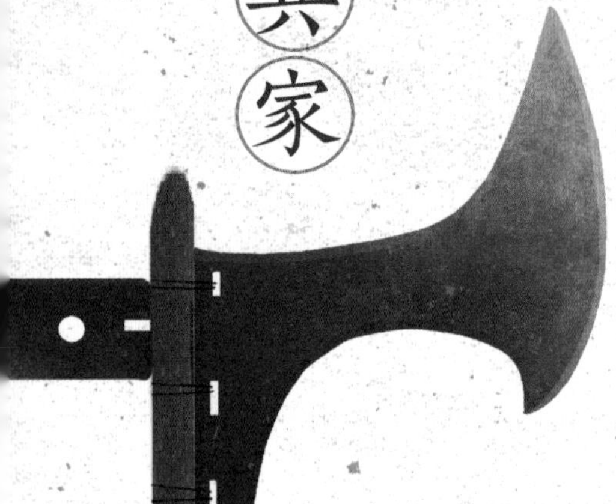

从春秋时期开始，周王朝名存实亡，诸侯国之间的兼并战争始终不断。时势造英雄，在这场长时间、大规模、高频率的战争中，军事家和战略家应运而生。

“兵家”是对古代战略家和军事家的通称，这里特指先秦和汉初对战略和战争进行研究的学派。兵家代表人物有孙武、司马穰苴（ráng jū）、伍子胥、孙膑、吴起等。代表性著作有《孙子兵法》《孙膑兵法》《司马法》《六韬》《三略》等。

“兵家”的创始人是孙子，本名孙武，曾经在吴国当过一段时间的将军，因为看不惯吴王的所作所为，躲进深山隐居。《孙子兵法》共 13 篇，约 5900 字，是现存最早的兵书。《孙子兵法》从来不认为战争只是简单的两军对垒，而是综合国力的全面较量，必须综合运用情报战、经济战、外交战、心理战等各种手段。《孙子兵法》被后世誉为“兵学圣典”，历来受中外军事家推崇，至今仍然是世界各大军校的必读之书。

兵家的另一部代表性著作是《孙膑兵法》，它以讲求随机应变而著称，作者是战国时期齐国将军孙膑。

人们常说的“三十六计”，就是后人对古代兵家计谋的总结。至于“三十六计，走为上计”这句话，就来自《孙子兵法》。

国宝小档案

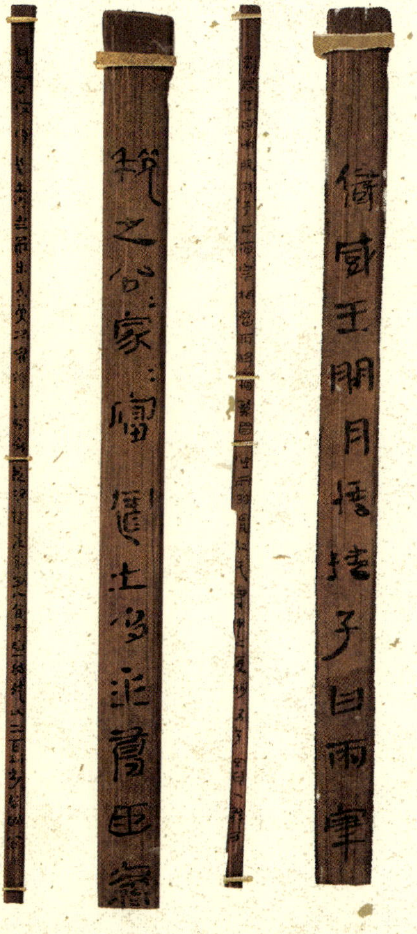

名　　称	《孙子兵法》《孙膑兵法》竹简
所属博物馆	山东博物馆
出土地点	1972 年银雀山汉墓
文物综述	《孙子兵法》与《孙膑兵法》竹简，是关于战略智慧的古代卷轴。1972 年银雀山汉墓的发掘，让这两部失传千年的兵书重见天日。竹简的精致与耐久，展现了先人的工艺与智慧。孙子的策略与孙膑的智谋，共同铸就了兵家思想的巅峰。它们的出土，不仅解开了历史之谜，而且也为研究古代文化提供了宝贵资料，让我们得以深刻领略古代军事家的思维精髓。

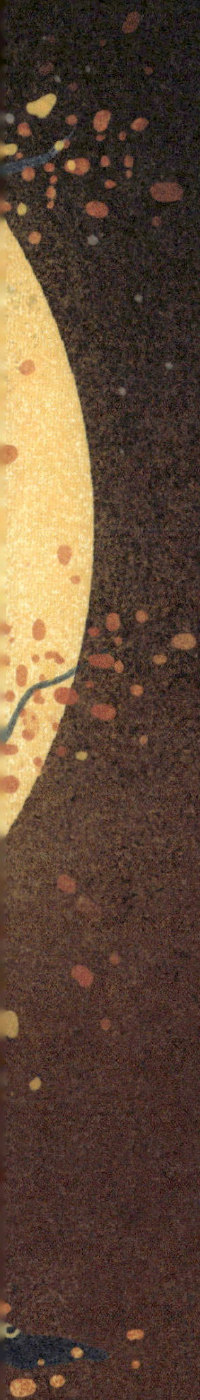

易

易，指《周易》，儒家重要经典之一。易的思想起源于商周时期的占卜之术，是古代中国人对自然与社会变化规律的总结和推测。

画地为牢

商朝末年，姜子牙天天在渭水钓鱼。一天，一个叫武吉的砍柴人，看见姜子牙的钓鱼钩是一根直针，就笑话他笨。姜子牙说："我不是为了钓鱼，而是为了钓王侯。"武吉就更加笑话他，说："还钓王侯，我看你倒像个活猴。"姜子牙也生气了，说："我看你气色不好，左眼青，右眼红，今天进城会打死人的。"

武吉不信，挑起柴草进了西岐城。谁知他刚刚进入南门，因为城门狭窄，他在换肩时，滑脱了一头，尖担失去平衡翻转过来，正打在城门守兵王相的耳门上，把王相一下子打死了。

武吉闯了祸之后，正赶上西伯姬昌（周文王）从城门经过。姬昌忙着前往灵台观测天象，没工夫搭理武吉，就画了一个圈当牢房，立了一根木头当狱卒，让武吉先站在里面。

而武吉呢，果然规规矩矩地站在圈里。这就是历史上有名的"画地为牢"的故事来源。

这样的牢房形同儿戏，一步就可以跨出来，那么武吉为什么不逃走呢？

当时，商朝的东、南、北方向，连同王城朝歌都有牢狱，只有西岐没有牢狱。因为西伯姬昌为政宽和，处事公平，偶尔犯罪的民众也不敢逃匿，所以才画地为牢。据说还有一个原因，就是姬昌在伏羲八卦的基础上，推演出六十四卦，用来算卦，他算卦特别准，被他圈住的人如果逃走了，一算就知道去了哪里，捉回来会加倍处罚。于是，就连顽固狡猾的人，都变得规规矩矩了。

画地为牢：指限制在一定范围内，对其加以束缚。

原文

文王出郭验灵台，武吉担柴惹祸胎。王相死于尖担下，子牙八十运才来。

——《封神演义·第二十三回文王夜梦飞熊兆》

译文

周文王出城去灵台占验灾祥的征兆，恰好遇见武吉挑柴惹来祸事，门军王相意外死在武吉的尖担之下，姜子牙八十岁才时来运转。

哲思一问

都说机会是留给有准备的人的，我们应当主动追求机会，还是应当等待机会？

《封神演义》

《封神演义》，俗称《封神榜》，是一部以“武王伐纣”为背景，以神魔斗法和斩将封神为主要内容的神魔小说。本书赋予了许多神妖奇形怪状的容貌、各有千秋的法术，如三头六臂的哪吒，拥有千里眼的高明和拥有顺风耳的高觉，眼中长手、手中长眼的杨任，生着一对翅膀的雷震子，能在地底行走的土行孙，会七十二般变化的杨戬。

书中的各路神魔，手持太极图、诛仙剑、六魂幡、定海神珠等法宝，施展出诛仙阵、万仙阵、十绝阵、九曲黄河阵等绝妙阵法，你来我往，各显神通，共同演绎了一场远古仙侠大剧。书中的哪吒更是家喻户晓，他脚踩风火轮、手握火尖枪、肩挎乾坤圈、腰系混天绫的胖娃娃形象上了老百姓的年画。

易

易：

易原指蜥蜴，又叫蝘蜓、守宫，是个典型的象形文字。《秘书》中说，日、月二字会合成易字，象征着阴阳的变化。

这里所说的“易”，是对先秦时期以八卦符号为框架的占筮书的通称。远古时期的占筮书，流传到今天的只有《周易》，所以“易”就成了《周易》的简称。

《周易》的创作，经历了几千年的漫长时光。首先是远古时期的部落联盟首领伏羲，把阴、阳符号三叠而画出了八种不同的图形，也就是八卦，即乾、坤、震、巽、坎、离、艮、兑，它们分别象征天、地、雷、风、水、火、山、泽八种不同的事物。到了商朝末年，周文王将八卦中的任意两卦相重，推演出了六十四卦。春秋时期，又出现了解释易经的十篇《易传》，据说作者是孔子和他的弟子。

当今不少人认为，《周易》是一本卜问吉凶的书，为此把它看成一种迷信。其实，这是一种偏见。尽管这本书的确有卜问吉凶的内容，但最初创制《易》，主要是为了记录和解读自然界现象，它实质上是一种朴素的古典哲学，书中蕴含着深邃的哲学意义。另外，“不三不四”“乱七八糟”“错综复杂”等成语，都出自《周易》的卦变。

到了西汉时期，《周易》被奉为儒家的哲学经典，列为官方认定的经书之一，从此被尊称为《易经》，并成为“群经之首”。每个朝代，都有大批学者终生研究《易经》。今天的易经研究组织，更是遍布全球。

国宝小档案

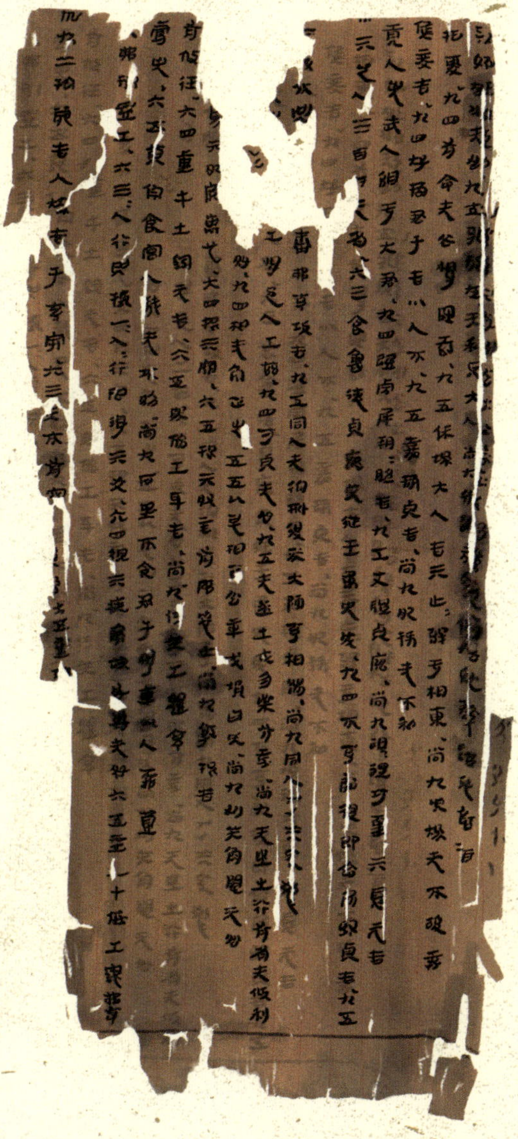

名　　称	帛书《周易》
所属年代	西汉
所属博物馆	湖南省博物馆
出土地点	1973 年湖南省长沙市马王堆三号汉墓出土
文物综述	西汉帛书《周易》是蕴含古代智慧的丝绸卷轴，其隶书字迹在薄如蝉翼的丝帛上跃然而生。这部作品不仅记录了《六十四卦》的神秘，还蕴含了儒家的哲学思想，是占卜与哲学交织的产物。它的出土，不仅揭示了两千多年前人们对宇宙和人生奥秘的探索，而且反映了古代社会的文化深度和思想广度。

禅

南朝萧梁时期，高僧达摩从天竺来华传道，创立禅宗。并在此后的一千多年中与本土文化相融合，成为了中国哲学的一个部分。

达摩见梁武帝

菩提达摩，是古印度一个国王的儿子，后来出家当了和尚。到开明的中国传教，是他平生最大的心愿。公元 526 年，达摩从海路坐船来到广州。听到消息，信仰佛教的梁武帝萧衍兴奋得夜不能寐，立刻派人迎接达摩前往梁朝都城建康（今南京）。

十月一日，梁武帝兴致勃勃地接见了达摩。

梁武帝自信满满地问："朕继位以来，营造佛寺，译写经书，度人出家不计其数，有什么功德？"

达摩只回答了四个字："并无功德。"

梁武帝脸色一沉，问："为什么没有功德？"

达摩说："这些只是人天小果，有漏之因，如影随形，虽然有，却不是实有。"

皇帝追问："怎样才算真正的功德？"

达摩说："清净、睿智、妙圆，体自空寂。这样的功德，不是尘世间能追求到的。"

皇帝再问："什么是圣谛第一义？"

达摩答："空寂无圣。"

皇帝急了，急得满脸通红：“回答朕问话的是谁？”

达摩说：“不知道。”

对话的双方，一个人追求的是佛教表面的形式；一个人早已摆脱了人世间的打扰，达到了出世后的空灵境界。两人根本想不到一块去。

达摩感觉，建康也许是他根本不该来的地方，而梁朝管理下的广州也不会再欢迎他，他只能前往长江以北的另一个国家——北魏。

十几天后，他悄悄来到长江边，折了一根芦苇投入江中，化为一叶扁舟，飘然北去，这就是传说中的“一苇渡江”。

不久，他先到了北魏的洛阳，最终在嵩山少林寺住了下来。他面壁而坐，整天默默无语，人们不知道他葫芦里卖的什么药，叫他“壁观婆罗门”。

原文

帝问曰："朕即位以来，造寺写经，度僧不可胜纪，有何功德？"祖曰："并无功德"。帝曰："何以无功德？"祖曰："此但人天小果，有漏之因，如影随形，虽有非实。"帝曰："如何是真功德？"祖曰："净智妙圆，体自空寂，如是功德，不以世求。"

——《五灯会元·第一卷菩提达摩》

译文

梁武帝说："我做了造寺写经度僧这么多事，有什么功德？"达摩回答说："没有功德。"

武帝又疑惑地问道："为什么没有功德呢？"达摩："你所做的，都是徒具形式的小德，如影随形，表面看起来有，实际上根本没有。"武帝问："那什么是真功德呢？"达摩说："美妙圆融的清净智慧，忘掉自己，达到空寂无我的地步。这样的功德，不是靠世俗的有为来求得的。"

哲思一问

我们在学校里表现好，是为了给老师看，还是为了提升自己的修养和定力呢？

《心经》

《心经》全称为《般若波罗蜜多心经》，是佛教中非常著名的一部经典，与《金刚经》《楞严经》和《六祖坛经》等一起统称为禅宗七经。《心经》是佛教般若类经典中最短小精悍的一部，全文仅 260 字左右，主要阐述了“空”的概念。

《心经》文字简洁而富有哲理，尤其是其中“空”的思想对中国的传统哲学和文化产生了深远影响，许多文人墨客、艺术家受其影响，创作了大量优秀的作品。《心经》是佛教经典中的重要文献，它被许多佛教宗派奉为经典，在中国、日本、韩国等地被广泛传诵和研究。

禅

佛：佛的汉字原意是看不清楚，读作 fú，经常组词为仿佛。当佛读 fó 时，是对佛教创始人释迦牟尼的简称，这个读音是从印度梵文音译过来的。《后汉书》记录：『西方有神，名曰佛。』

按说，佛教是来自古印度的一种宗教，很难为中国大众所认可。即便有了一定的信众，也很难成为中国文化的组成部分。但有一个佛教派别做到了，它就是禅宗。

禅的意思是“静虑”。禅宗是以打坐参禅为修习方式，以觉悟众生本有的佛性为目的的佛教宗派。中国禅宗的开山鼻祖叫菩提达摩。达摩从印度来到中国后，在少林寺面壁打坐九年，终于找到了佛法大意与中土文化嫁接的不二法门，悟出了禅理、禅机、禅意，创立了中国佛教第一大宗——禅宗，所以中国禅宗又称达摩宗。汉传佛教中的打坐、禅定，就是从他开始的。

在佛教中国化上作出卓越贡献的另一个高僧，是禅宗六世祖慧能。他以《金刚经》《楞伽经》为主要教义，主张教外别传、不立文字，提倡“心性本净、佛性本有、直指人心、见性成佛”的顿悟，认为“一切众生皆有佛性”，这与儒家的“人皆可为尧舜”相吻合，从而完成了印度佛教向中国佛教的革命性变革。从此，禅宗广为流传，在唐末五代达到鼎盛，拥有了广大的信众，从而成为中国传统文化的重要组成部分，就连程朱理学、王阳明心学也吸收了禅宗的精髓。

禅宗一派的僧人叫“禅师”“禅僧”，他们的修习方式叫“参禅”，中国著名禅寺有河南嵩山少林寺、广东韶关南华寺、浙江杭州灵隐寺、浙江宁波阿育王寺、江苏镇江金山寺、河南洛阳白马寺、山东泰山灵岩寺等。

国宝小档案

名　　称	铜达摩造像
所属年代	明代
所属博物馆	北京故宫博物院
出土地点	不详
文物综述	这尊铜达摩造像，以其清癯（qú）的面容和舒缓的坐姿，传递出禅宗祖师达摩内在的宁静与坚定。铸造精细的19厘米高像，不仅展现了精湛工艺，而且体现了中国禅文化的独特审美。达摩的面容，体现着内心的超然，仿佛引领着观者进入一场心灵的修行之旅。在故宫博物院的静谧角落，这尊造像静静地诉说着关于禅的故事，关于心灵归宿的古老传说。

理

理，通常指理学，是宋明时期儒家的哲学思想。他们认为宇宙间最高的法则是“理”，而万事万物又遵循着各自的“理”，是最高“理”的体现。这种思想影响了中国数百年。

程门立雪

宋代，有一对亲兄弟，哥哥叫程颢，弟弟叫程颐，他们都是北宋理学的奠基人，被世人称为“二程”。“二程”有两个福建弟子，一个叫杨时，23 岁就考中了进士，但为了继续求学，他放弃了做官的机会，奔赴河南拜“二程”为师，后来成为天下闻名的大学者，官拜国子监祭酒（相当于教育部长）；一个叫游酢（zuò），也考中了进士，同样醉心于理学。

1093 年冬，杨时被任命为浏阳知县。赴任前，他绕道洛阳，向程颐请教理学。这一年，他已经四十岁了。

当天午后，天上突然飘起雪花，路上特别滑。杨时约上老乡游酢，一起到程颐创办的洛阳伊皋书院求教。当二人冒着大雪，跌跌撞撞地赶到书院时，却发现程颐正静坐小瞑。二人既没有惊动老师，也没有匆匆离去，而是静静地站在门外等候老师醒来。

雪越下越大，天越来越冷，鹅毛大雪纷纷扬扬地落在杨时和游酢头上、身上，他们的脸、手和脚都冻得生疼，但他们只是轻轻掸去身上的积雪，并不时地拍拍脸，搓搓手，跺跺脚。

过了好长时间，程颐才从午后小瞑中醒来，然后问书童：“是有门生前来拜访吗？”

书童回答：“有两个人，来了好一会儿了，现在还在门外候着呢。”

程颐抬头，见门外积雪已经有一尺深，杨时和游酢还恭恭敬敬地站在雪地里，都快要变成雪人了。

由此，诞生了“程门立雪”的成语，成了学界的一个佳话，并成为尊师重教的著名范例。

中国历史上一门双杰

- **西汉**
  霍去病、霍光
- **东汉**
  班固、班超
- **三国**
  孙权、孙策
- **唐代**
  王维、王缙
- **宋代**
  苏轼、苏辙

原文

至是，又见程颐于洛，时盖年四十矣。一日见颐，颐偶瞑坐，时与游酢侍立不去。颐既觉，门外之雪深一尺。

——《宋史·杨时传》

译文

杨时又到洛阳拜见程颐，这时杨时大概四十岁了。一天杨时拜见程颐，程颐正在打瞌睡，杨时与同学游酢恭敬地站在一旁没有离开，等到程颐醒来时，门外的雪已经一尺多深了。

哲思一问

为了追求学问而放弃做官，大家觉得这值得吗？

《宋史》

这是一部宋代纪传体史书。全书 496 卷，是中国古代“正史”中字数最多的一部官修史书。它通过大量原始资料，详细记载了两宋 320 多年的史实。本书除了为帝王、大臣作纪传，还为天文、地理、食货、刑法等 15 个门类作志，并且介绍了宋朝周边邻国和宋朝境内少数民族的历史。

需要说明的是，本书因为抄录了大量原始资料和数据，难免会有重复之处，常常让人感觉啰嗦和累赘。但凡事都有两面性，正因为它内容冗长，收入了大量原始资料，所以保证了它的史料价值和参考价值。例如《宋史》中，对于宋代理学大儒张载、程颢、程颐、朱熹的记载诸多，通过繁杂的记载可一窥宋代理学家的风采和当时理学的繁盛。

理

理：理的原意是治理玉石，就是顺着玉的纹理进行加工雕琢。后来引申出条理、原理、处理、天理等一系列含义。

在中国哲学史上，“理”通常是指原理、规律。而宋明理学把“理”看作宇宙的本源，认为“理”是超乎一切之上的，在事物出现以前就已经存在。

宋明理学又称新儒学，盛行于北宋到清初。它是以儒家思想为核心，吸收佛教、道家、道教思想而形成的官方哲学，是中国古代哲学发展的最后和最高阶段。

理学的实际创始人是北宋的周敦颐、邵雍、张载。后来，理学分为两大流派。

一派称“程朱理学”，又称“道学”，以北宋的程颢、程颐兄弟和南宋的朱熹为代表。他们认为性就是理，“人欲”是恶的根源，“天理”是善的本源，要求“存天理”“明人伦”“灭人欲”，就是通过各种内心的修养方法来窒息欲望，恢复天理。

另一派称“心学”，以南宋的陆九渊和明代中期的王阳明为代表。王阳明不同意朱熹将“心”与“理”分开，把“知”与“行”割裂的“先知后行”主张，他认为“心”就是“理”，“良知”就是“天理”，要相信自我的道德力量和自我成圣的潜在能力，不需要用现成规范和书本教条来禁锢人的身心，从而提出了“知行合一”的主张。王阳明的“心学”，比程朱理学多了人情味，比佛教、道教多了现世的担当，因此一出世便产生了巨大反响，为明代颓废的社会风气注入了生机和活力。

国宝小档案

名　　称	宋板《晦庵先生文集》
所属年代	宋朝（960-1279年）
所属博物馆	台北故宫博物院
出土地点	不详
文物综述	在宋代的历史长河中，晦庵先生文集犹如一颗璀璨的明珠，其价值不仅仅在于它的古老和稀有，更在于它所承载的深邃思想和文化精髓。这本文集，就像是朱熹先生智慧的结晶，每一页都蕴含着他对儒家经典的深刻解读和对理学的独到见解。它不只是一部书，更像是一位时代的智者，静静地诉说着南宋时期的学术风貌和哲学探索。